HALLO!

Das große **Krabbeln:** Wir haben schon 100 Hefte GEOlino EXTRA produziert, aber noch nie eines über Insekten. Jetzt aber! Bitte sehr, hier ist es: Nummer 101 – unser Insekten-EXTRA

»Insekten sind die Grundlage aller Ökosysteme (lest dazu auch unseren Startblock ab Seite 15). Die Winzlinge sichern das Überleben vieler Arten – auch, weil sie eine Futterquelle für Amphibien, Fische, Vögel sind. Übrigens: Ein Mauersegler fängt an einem einzigen Tag bis zu 5000 Insekten – im Flug! Heißt: **Es ist wirklich wichtig, dass wir uns um den Schutz der Insekten kümmern.** Denn wenn die Kleinsten verschwinden, sind kurz darauf auch die Großen in Gefahr!«

Katharina, Autorin

»Wusstet ihr, dass Wüstenheuschrecken täglich so viel fressen, wie sie wiegen? **Im Schwarm können die Tiere deshalb zur Plage werden** *und Hungersnöte auslösen, wie zuletzt in Ostafrika. Ich habe für euch herausgefunden, wie es so weit kommen konnte – und mit Menschen gesprochen, die sich Lösungen überlegt haben. All das lest ihr ab Seite 54.«*

Annika, Textredakteurin

»Ich habe ein neues Vorbild: Ameisen! So stark wie diese Insekten hält sonst wohl niemand zusammen. **Wenn sie Abgründe überwinden wollen, klammern sie sich zu Brücken zusammen** *und lassen ihre Kolleginnen darüber hinwegmarschieren. So bilden sie auch Flöße auf Gewässern. Manche Arten schließen sich sogar zu hängenden Nestern zusammen. Neugierig? Dann blättert mal auf Seite 22.«*

Verena, Textredakteurin

Nadine

Nele

Heiko

Jan

Jan Moritz

Verena

Stefan

SCHREIBT UNS!

Wie gefällt euch die neue Ausgabe? Wir freuen uns über Lob, Kritik und Anregungen – per Mail an: briefe@geolino.de

Titel: Okapia; Shutterstock; Editorial: Adobe Stock; GEOlino

INHALT

3 Editorial: Hallo!

6 **Wenn Winzlinge groß rauskommen**
Käfer, Falter, Wespe: So nah wie in diesen Aufnahmen seid ihr Insekten bestimmt noch nie gekommen

22 **Planet der Ameisen**
Gemeinsam sind sie stark – und wie! Im Team vollbringen die kleinen Krabbler wahre Meisterleistungen

32 **Erfolgreich verpackt**
Manche sind gut getarnt, andere funktionieren wie U-Boote: Staunt über die Eier von Käfer und Co.

34 **Stars der Wissenschaft**
Als Haustiere eher lästig – doch Forschende fliegen auf *Drosophila melanogaster*: Fruchtfliegen. Warum?

15 **Startblock**
Verbreitung, Körperbau, Nutzen: Alles, was ihr über Insekten wissen müsst

28 **Das Super-Insekt**
Bühne frei für diese tierischen Talente: Welches Insekt kann mit seinen genialen Fähigkeiten punkten?

38 **Im Sinkflug**
An der Mosel droht der Apollofalter auszusterben. Ein junger Biologe kämpft schon seit Kindertagen für seinen Erhalt

44 Zahlen, bitte!

Aufgeschnappt: Elf unvergessliche Fakten über Insekten

46 Topmodell in XXL

Großer Auftritt: Die Hamburgerin Julia Stoess fertigt für Museen Insektenmodelle in Übergröße

52 Werkstatt: Bienenwachstücher

Eingewickelt: Aus Baumwollstoff und Bienenwachs wird eine umweltfreundliche Verpackung für euer Pausenbrot

54 Schrecken ohne Ende

Wo sie landen, bleibt nichts übrig: Warum Wüstenheuschrecken Hungersnöte auslösen können

62 Das ist ihr Job

Von der Imkerin bis zum Insekten-Präparator: drei Berufe im Check

66 Die Welt ohne Insekten?

Keine gute Idee! Denn ohne die Winzlinge würden Bestäuber, Gärtner und Aufräumer fehlen – und die Natur mächtig leiden

70 Extratour

Erst lesen, dann lösen: Rätselt euch auf einer Rallye durchs Heft

72 Mehr zum Thema

Passende Tipps zum Lesen, Anschauen und Entdecken

74 Vorschau & Impressum

Mehr von GEOlino ...

... bekommt ihr in unserem Podcast auf die Ohren. Der erscheint jeden Mittwoch auf **geolino.de/podcast** und überall dort, wo es Podcasts gibt.

... findet ihr auch im Netz:

Wenn Winzlinge groß rauskommen

Um einen klitzekleinen Käfer so großartig zu präsentieren, braucht der britische Fotograf Levon Biss bis zu drei Wochen. Und über 8000 Einzelbilder, die er am Computer zu einem zusammensetzt. Seine Fotos sind irre schöne **Einblicke** ins Reich der farb- und formenreichen Insekten

Text: Katharina von Ruschkowski — Fotos: Levon Biss

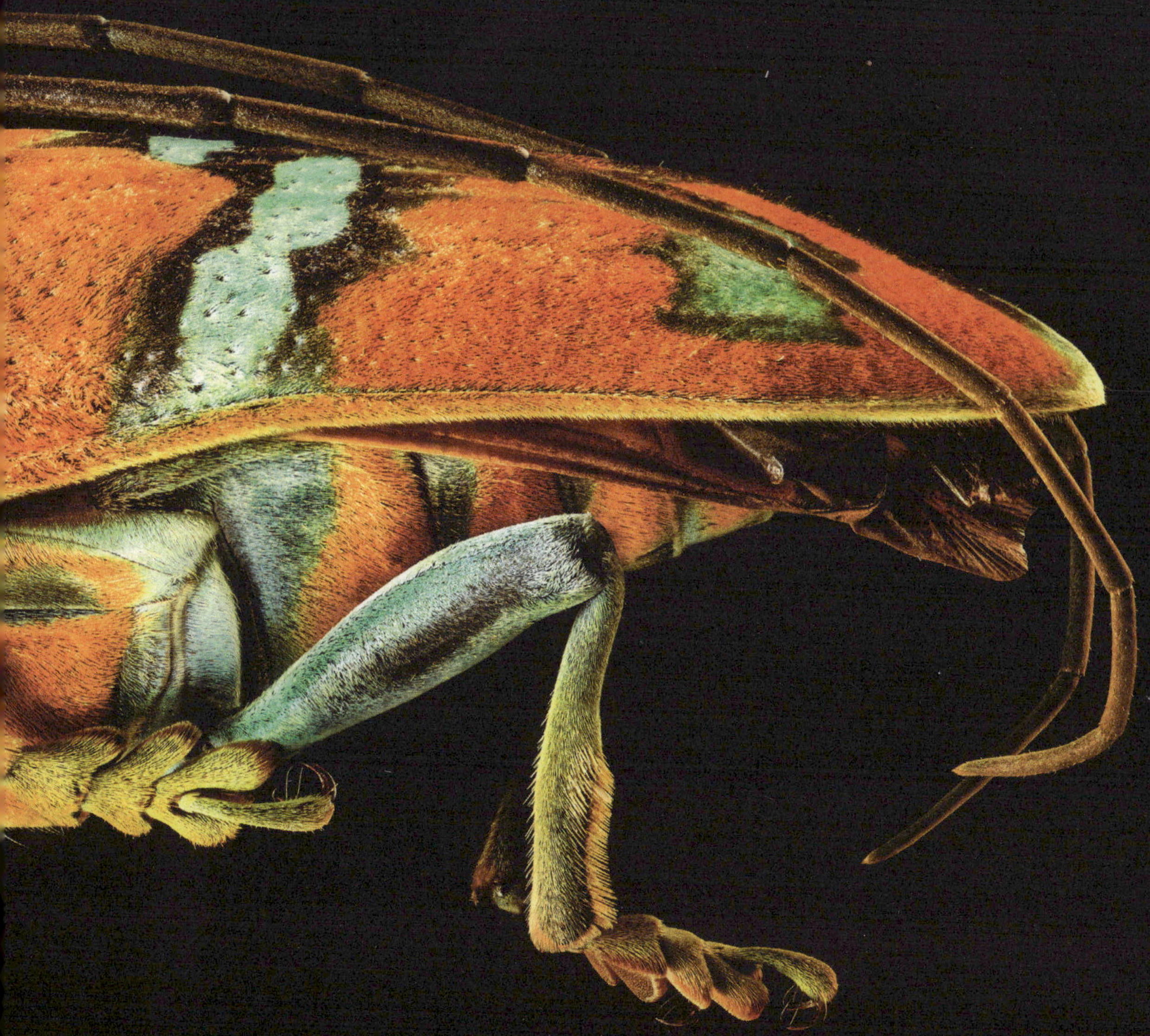

BOCKKÄFER

Originalgröße: etwa 1,9 cm

Schönheit mit Schuppen

Ein bisschen „bockig" ist dieser aus Afrika stammende Bockkäfer tatsächlich: Seine nach hinten gebogenen Fühler erinnern an das Gehörn eines Steinbocks, daher der Name. Ansonsten eint beide: nichts. Der prächtige **Panzer** des Käfers ist mit Zigtausend feinen, farbigen Schuppen besetzt. Ihn zeigt der Krabbler nur für eine kurze Zeit in seinem Leben. Denn die **Larven** der Bockkäfer, von denen es mehr als 35 000 Arten gibt, leben meist in sterbenden Bäumen und ernähren sich dort allein von nährstoffarmem **Totholz**. Durch die Dauer-Diät vergehen mitunter 20 Jahre, bis sich die Larve verpuppt. Um sich dann – für wenige Monate – in einen glanzvollen Käfer zu verwandeln.

RÜSSELKÄFER

Originalgröße: etwa 1,5 cm

Käfer im Schafspelz

Beim Anblick dieser aus Tausenden Einzelbildern zusammengesetzten Mikroskop-Aufnahme könnte man meinen: Der Rüsselkäfer trägt Pelz. Helle **Haare** und Schüppchen bedecken seinen gesamten Körper. Sogar die sechs Füßchen sind gepolstert. Dadurch kann sich das Insekt, das in den tropischen Regenwäldern Brasiliens zu Hause ist, selbst an glitschigen Pflanzen festhalten – etwa zum Fressen. Rüsselkäfer, die mit über 60 000 Arten eine Riesenfamilie bilden, haben immer **Hunger** – auf Rinde, Blätter, Blüten. Die meisten Menschen sehen die hübschen Krabbler hierzulande darum ungern in Gärten, Feldern und Wäldern. Dort richten Rüsselkäfer nämlich oft schlimme **Fraßschäden** an.

SCHWALBENSCHWANZ

Originalgröße: etwa 13 cm

Alter Falter …

… ist der schön! Die Flügel des Grünfleckigen Schwalbenschwanzes wirken, als wären sie mit Tausenden grünen **Lämpchen** geschmückt. Mittig leuchten türkisfarbene Kleckse, mit denen er Artgenossen beeindrucken will, sowie rot umrandete **Augenflecken**, die Feinde verwirren sollen. Den beiden kurzen „Schwänzchen" an den Hinterflügeln verdankt die Gattung *Papilio* ihren Namen. Dieser Schwalbenschwanz, der durch Südostasiens **Regenwälder** flattert, ist in der Welt der Winzlinge zudem einer der größten: Der flotte Flieger bringt es auf bis zu 13 Zentimeter Spannweite.

GOLDWESPE

Originalgröße: etwa 1 cm

Trickreiches Tierchen

Dieses schillernd schöne Krabbelvieh hat es faustdick hinter den Ohren, auch wenn es eigentlich gar keine besitzt; Insekten hören nämlich mit anderen Körperteilen, etwa ihren **Antennen** oder dem Hinterleib. Da die „Gemeine Goldwespe" offenbar zu faul ist, sich um ihre Brut zu kümmern, legt sie ihre **Eier** einfach in die Nester fleißigerer Grabwespen. Die ausgetricksten Bodenbewohner versorgen dann wochenlang die fremden Eier. Sie füttern sogar die schlüpfenden Larven – während die Goldwespe durch ihren Hauptlebensraum, karge Dünenlandschaften, schwirrt. Fühlt sie sich dort bedroht, rollt sie sich – geschützt durch ihren **Prachtpanzer** – einfach zusammen.

BUCKELZIRPE

Originalgröße: etwa 1 cm

Wandelndes Warnschild

Diese Buckelzirpe der Gattung *Phyllotropis* hat schwer zu schleppen: Über Kopf und **Rücken** ragt ein riesiger Halsschild empor, größer als jeder andere Körperteil, den das in Brasilien heimische Insekt besitzt. Dabei hat der grell orangefarbene **Auswuchs** nur eine Funktion. Er soll Feinden zu verstehen geben: Achtung, ich bin groß und giftig! Andere Buckelzirpen, von denen es weltweit vermutlich um die 10 000 Arten gibt, tragen aus diesem Grund gewaltige Stachel oder **Geweihe** auf ihren Rücken. In der Insektenwelt zählen Zirpen darum zu den spektakulärsten Kreaturen.

Alle **Fotos** auf diesen Seiten stammen aus dem Bildband „Portraits. Die Schönheit der Insekten". Darin könnt ihr noch mehr zum Thema lesen und entdecken.

START-BLOCK

Die wichtigsten Fakten vorweg

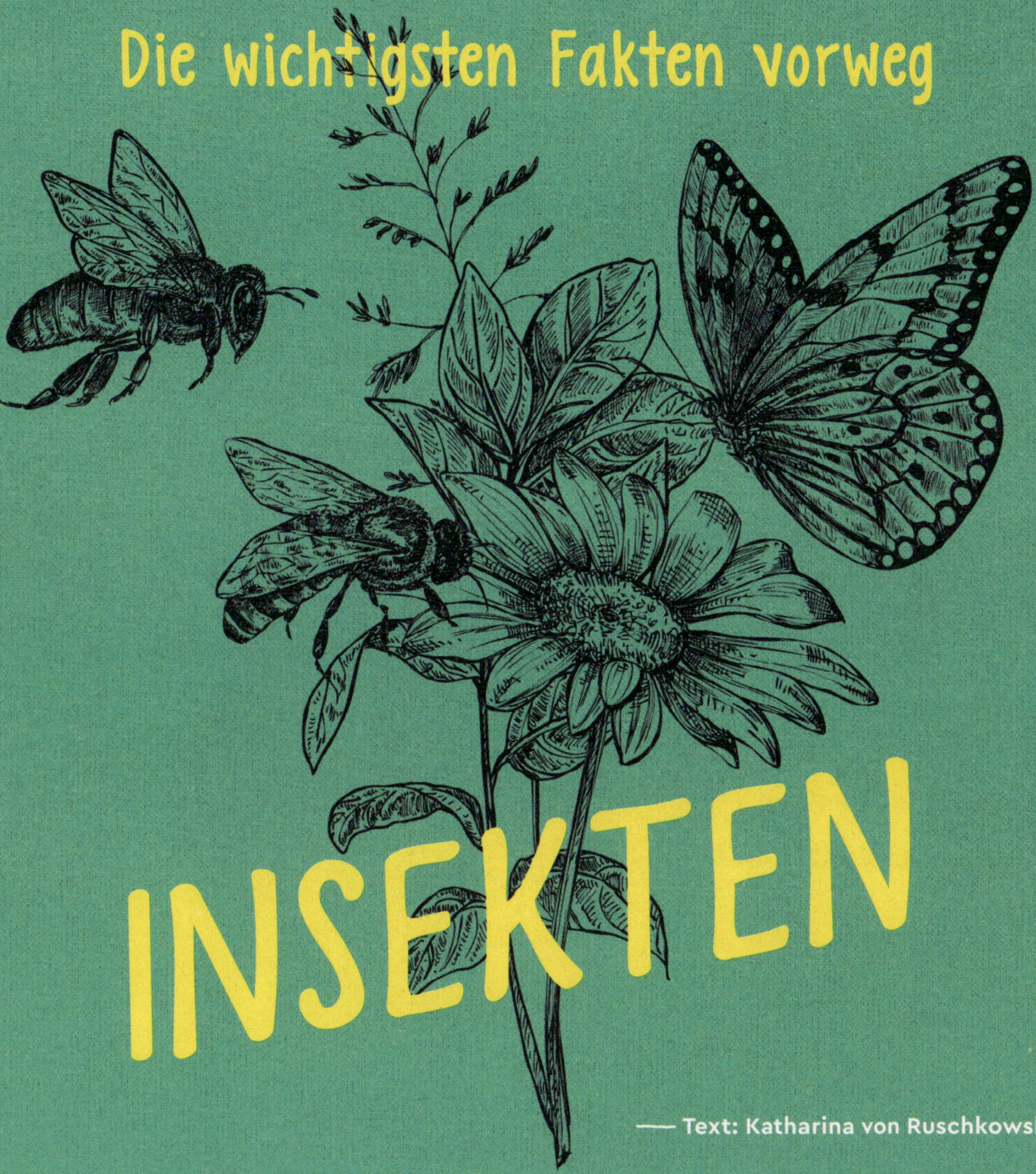

INSEKTEN

— Text: Katharina von Ruschkowski

Foto: Levon Biss; Illustration: Shutterstock

ÜBERBLICK

Große Klasse!

Es sind die Kleinen, die die Welt regieren", hat der US-amerikanische Biologe Edward O. Wilson mal gesagt. Wer sich mit Insekten beschäftigt, merkt sofort: Er hat recht. Sie bilden die mit Abstand artenreichste Tierklasse auf unserem Planeten. Rund 1,8 Millionen Spezies, also Arten von Lebewesen, sind bislang bekannt und benannt. Fast eine Million davon sind Insekten. Zum Vergleich: Lebende Säugetierarten gibt es „nur" rund 6500. Und jedes Jahr kommen Tausende neu entdeckte Insektenarten hinzu – selbst in Deutschland stößt man noch auf unbekannte Spezies. Forschende vermuten, dass es über fünf Millionen Insektenarten gibt.
Klar ist: Die ersten von ihnen entstanden vor 500 Millionen Jahren, als die Erde noch von zwei Kontinenten bedeckt und fast ohne jedes Leben war. In der langen Zeit seither haben Insekten eine unglaubliche Farben-, Formen- und Artenfülle hervorgebracht: vom schillernden Schmetterling bis zum springenden Floh. Biologinnen und Biologen teilen Insekten in bis zu 30 Ordnungen ein. Die fünf größten sind: Käfer, Zweiflügler, Schmetterlinge, Hautflügler und Schnabelkerfe. Sie machen ungefähr 90 Prozent aller Insektenarten aus.

Die größten Ordnungen in Prozent

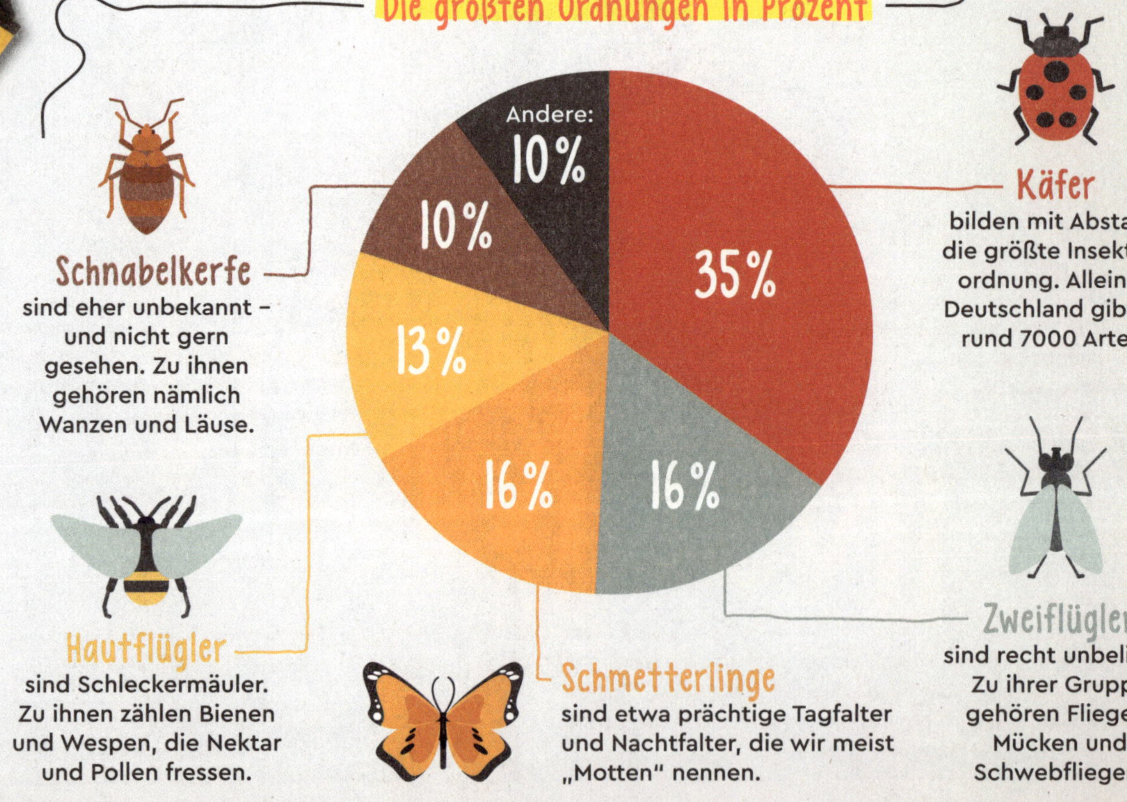

Käfer bilden mit Abstand die größte Insektenordnung. Allein in Deutschland gibt es rund 7000 Arten.

Schnabelkerfe sind eher unbekannt – und nicht gern gesehen. Zu ihnen gehören nämlich Wanzen und Läuse.

Hautflügler sind Schleckermäuler. Zu ihnen zählen Bienen und Wespen, die Nektar und Pollen fressen.

Schmetterlinge sind etwa prächtige Tagfalter und Nachtfalter, die wir meist „Motten" nennen.

Zweiflügler sind recht unbeliebt: Zu ihrer Gruppe gehören Fliegen, Mücken und Schwebfliegen.

LEBENSRÄUME

Welt voller Insekten

Sie sind – fast – überall: Insekten summen in jeder Wüste unserer Erde, in Steppen und Gebirgen, haben Wälder, Flüsse und Seen rund um den Globus besiedelt. Selbst den harten Lebensbedingungen der Antarktis trotzen sie. Nur in den Meeren findet man sie nicht. Warum? Als sich die ersten Insekten entwickelten, wimmelte es in den Meeren bereits von Krebstieren, gegen die sich die Insekten nicht behaupten konnten. Also blieben sie an Land!

So viele Arten leben hier

Unsere Weltkarte zeigt die geschätzte Anzahl von Insektenarten – je nach „biogeografischen Regionen". In diesen Gegenden ähneln sich die Lebensräume und das Klima

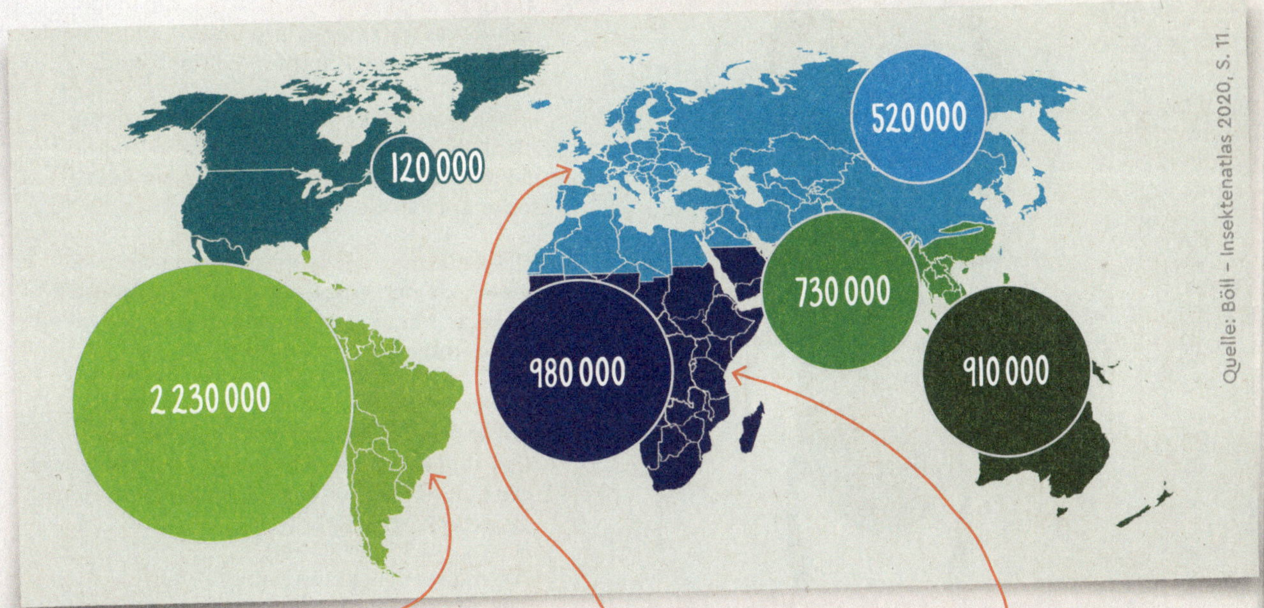

Quelle: Böll – Insektenatlas 2020, S. 11.

Insekten sind die heimlichen Herrscher der tropischen Regenwälder, die große Teile von **Südamerika** bedecken. Nirgendwo sonst gibt es eine solche Fülle und Vielfalt.

Viele Insekten-Lebensräume in **Europa** sind menschengemacht: Wiesen und Felder. Doch von dort verschwinden die Summer und Brummer gerade zusehends.

In **Afrika** sind Insekten oft beides: Segen und Fluch, Nahrungsquelle und Krankheitsüberträger – etwa für Malaria. Keine andere Tiergruppe ist für so viele Todesfälle verantwortlich.

Klein, aber oho!

Insekten sind nicht nur artenreich, sondern auch zahlreich und gewichtig. Forschende haben berechnet: Alle **Gliederfüßer** der Welt, also Insekten und Spinnen zusammen, wiegen eine Milliarde Tonnen – 50-mal so viel wie alle wild lebenden Säugetiere.

Genau: Die achtbeinigen **Spinnen** zählen nicht zu den Insekten – haben diese aber oft zum Fressen gern …

Illustrationen: Shutterstock; Karte: Heinrich-Böll-Stiftung

KÖRPERBAU

Erfolgsmodell Insekt

Ameisen haben große Köpfe, Schmetterlinge riesige Flügel, Käfer manchmal irre Mundwerkzeuge – Insekten existieren in Tausenden verschiedenen Formen. Doch bei allen Unterschieden gibt es auch viel, was sie eint. Erstens: Sie haben sechs Beine und meist zwei Paar Flügel – ihre wichtigsten Erkennungszeichen. Zweitens besitzen sie anstelle von Knochen eine starre Außenhülle, Chitin-Panzer genannt. Er gibt ihnen Halt und Gestalt – ist aber zugleich so leicht gebaut, dass selbst große Insekten fliegen können. Drittens besteht jedes Insekt aus drei Körperabschnitten, die sich gut unterscheiden lassen. Jeder dieser Abschnitte erfüllt eine besondere Aufgabe. Der Kopf dient vor allem zum Fressen, die Brust, an der Beine und Flügel ansetzen, der Fortbewegung, das Hinterteil der Fortpflanzung. Die Abschnitte haben sich im Lauf der Entwicklung dem Lebensraum und der Lebensweise einer Insektenart angepasst.

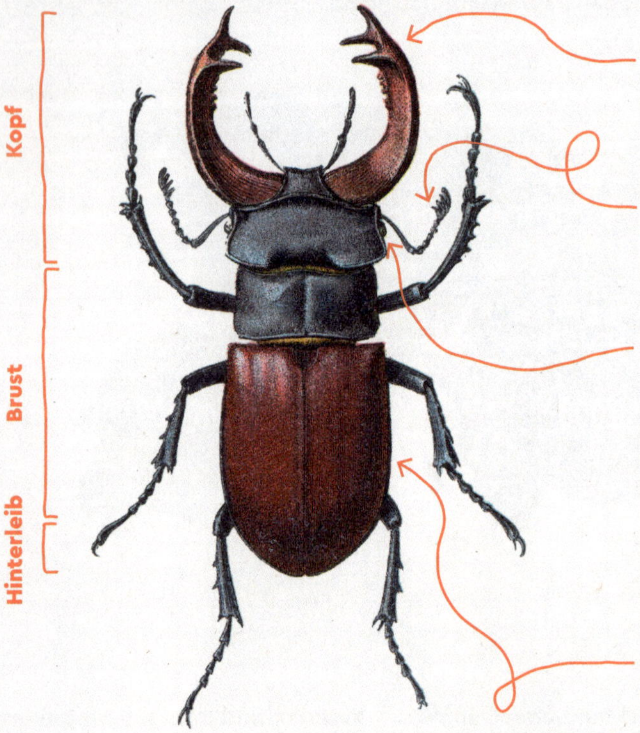

Insekten wie dieser Hirschkäfer besitzen faszinierende **Mundwerkzeuge**, die ihnen beim Fressen (mehr dazu unten), manchmal aber auch beim Kämpfen hilfreich sind.

Einen guten Riecher haben viele Insekten dank ihrer **Antennen**: Daran sitzen empfindliche Riechsensoren, mit denen sie Beute oder Lockstoffe erschnüffeln.

Die **Facettenaugen** der Insekten sind aus vielen kleinen einzelnen Augen zusammengesetzt. Manche Arten haben dadurch einen Rundumblick.

Insekten haben – anders als Säugetiere – keine Lungen. Sie atmen durch **Tracheen**. Das sind feine, weitverzweigte Röhren, durch die Luft von außen bis zu den Organen im Insektenkörper strömt.

Die meisten Insekten haben zwei **Flügelpaare**. Das zweite Paar ist allerdings meist unter den harten Deckflügeln versteckt und nur im Flug sichtbar.

Beißen, saugen, stechen

Die Mundwerkzeuge von Insekten haben sich über Zehntausende Jahre perfekt an ihre jeweilige Lieblingsspeise angepasst. Ursprünglich besaßen wohl alle Sechsbeiner einen Beißkiefer, in dem sie – ähnlich wie wir Menschen – ihre Nahrung zermalmten. **Heuschrecken** (1) tun das noch heute. Bei **Schmetterlingen** (2) bildete sich eine Art ausrollbarer Schlauch – ein Saugrüssel, um Nektar schlürfen zu können. **Honigbienen** (3) bekamen einen Trinkhalm, in der Fachsprache: Leckrüssel. Wanzen oder **Stechmücken** (4) rüsteten sich mit einem Stechrüssel aus, um ihre Opfer zu piksen und Blut saugen.

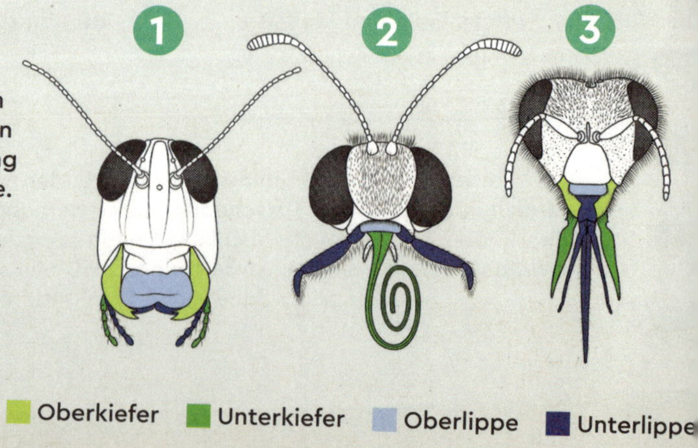

LEBENSZYKLUS

Ein Tier, zwei Körper

Verwandlungskünstler: Während ihres Lebens verändern viele Insektenarten ihre Gestalt, durchlaufen den Prozess der „Metamorphose". Käfer, Fliegen, Ameisen oder Schmetterlinge schlüpfen als Larven aus Eiern. Als Larve (das Stadium zwischen Ei und erwachsenem Insekt) futtern und wachsen sie, bis sie sich verpuppen, also in eine selbst gebaute Schale zurückziehen – aus der sie wie verwandelt „neu geboren" werden. Manche Insekten wie Libellen oder Heuschrecken machen dagegen eine „unvollständige Metamorphose" durch: Sie verändern beim Erwachsenwerden ihre Größe, nicht ihre Körperform. Der Vorteil des Verwandlungstricks: Insektenkinder und -erwachsene können so unterschiedliche Lebensräume besiedeln und müssen nicht um Nahrung streiten. Denn gerade Raupen sind Fressmaschinen; manche nehmen in vier, fünf Wochen das 1000-Fache ihres Ursprungsgewichts zu. Ausgewachsene Insekten sind dagegen auf Fortpflanzung programmiert und verändern sich kaum mehr. Ihre Aufgabe besteht nur noch darin, sich zu vermehren – damit im nächsten Jahr wieder eine verrückte Verwandlung stattfinden kann.

Käfer-Leben: Aus dem Ei schält sich eine **Larve**, deren Bestimmung darin besteht zu fressen und zu wachsen. Nach einigen Wochen verpuppt sie sich in einer **Hülle** – und schlüpft schließlich als fertiger **Käfer** ein zweites Mal.

Libellen leben bis zu sechs Jahre als Larve im oder am Wasser, ehe ihre **Larvenhaut** ein letztes Mal aufplatzt und die nun erwachsenen Tiere erstmals ihre **Flügel** ausbreiten.

Ausgewechselt: **Heuschrecken** streifen ein paarmal ihre Haut ab, ehe sie ihre volle Größe erreichen.

Verteidigungsexpertin: Weil die **Raupe** der Schmetterlinge träge ist, ist sie oft mit Stacheln ausgerüstet.

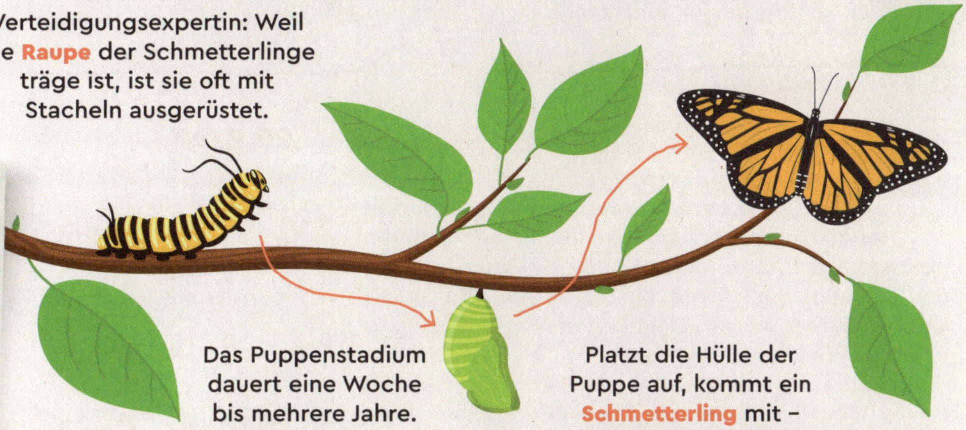

Das Puppenstadium dauert eine Woche bis mehrere Jahre. Oft sieht die **Puppe** Blättern zum Verwechseln ähnlich.

Platzt die Hülle der Puppe auf, kommt ein **Schmetterling** mit – zunächst – knittrig-feuchten Flügeln zum Vorschein. Rasch erhebt er sich in die Luft.

Illustrationen: Shutterstock; Foto: Addobe Stock

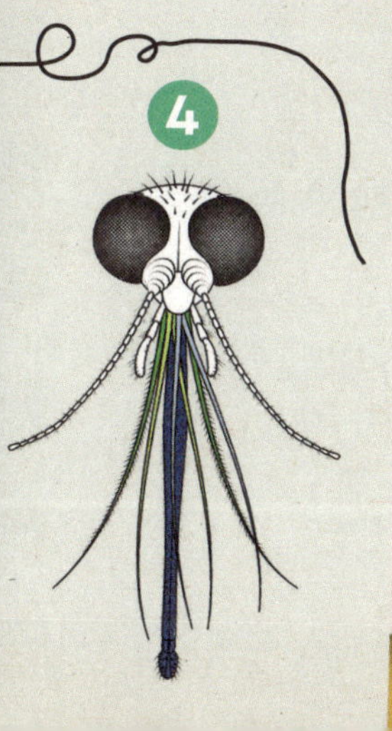

GEFÄHRDUNG

Es werden immer weniger

Seit vielen Jahren blicken Forscherinnen und Forscher nicht nur staunend, sondern auch besorgt auf die Insekten. Denn sie verschwinden zunehmend aus unseren Feldern und Wäldern. Mittlerweile ist das Insektensterben nicht nur in Deutschland, sondern weltweit ein großes Problem. Die Gründe dafür scheinen vielfältig und sind noch nicht ganz verstanden. Klar ist jedoch: Fehlen die Insekten, hat das schlimme Folgen – auch für uns Menschen (lest dazu den Text auf Seite 66).

Woran liegt's?

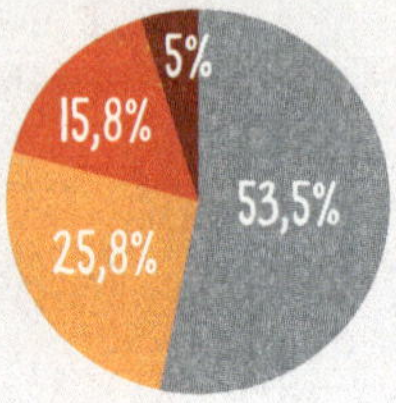

Für den Insektenschwund gibt es ein ganzes Bündel an Gründen. Die Grafik zeigt die **Hauptursachen**, die Hunderte Studien ermittelt haben. Die Prozentzahlen geben an, wie stark sie zum Verlust der Sechsbeiner beitragen. Offensichtlich ist: Wir Menschen sind auf die eine oder andere Weise dafür verantwortlich. Vor allem, weil wir den **Lebensraum** der Insekten verändern, teils zerstören: Auf Äckern und Wiesen, die fast die Hälfte der Fläche Deutschlands ausmachen, wachsen oft gleiche Pflanzen. Wälder werden abgeholzt, die Natur für Straßen und Wohngebiete planiert. Die gute Nachricht ist: Wer weiß, woran es liegt, kann etwas gegen das **Sterben** unternehmen. Zum Beispiel, indem wir die Lebensräume der Insekten künftig besser schützen.

53,5 Prozent:

Veränderung des Insekten-Lebensraumes

Etwa durch Monokulturen auf den Feldern, Abholzen von Wäldern, Trockenlegen von Mooren oder Verstädterung.

25,8 Prozent:

Umweltbelastung

Etwa durch das Versprühen von Insekten- und Unkrautgiften oder den Einsatz von Kunstdünger.

15,8 Prozent:

Biologische Gründe

Das sind etwa Krankheiten, die Insekten dahinraffen.

5 Prozent:

Klimawandel

Er verändert die Lebensräume und macht viele Insekten „heimatlos".

Unbezahlbar?!

Etwa ein Drittel unserer Obst- und Gemüsesorten werden normalerweise von Bienen und anderen Insekten bestäubt. Nur durch sie tragen Gurke, Kirsche oder Sonnenblume Früchte. Bleiben Bienen und Co. als **Bestäuber** weg, würden viele Ernten mager oder ganz ausfallen. Würden stattdessen wir Menschen Hand anlegen, kämen ein Batzen **Arbeit** und hohe Kosten auf uns zu. Fachleute in den Niederlanden haben es ausgerechnet: pro Hektar Gemüsebeet rund 26 000 Euro! Warum? Eine Mitarbeiterin oder ein Mitarbeiter – mit einem Stundenlohn von etwa zwölf Euro – müsste 48 000 Pflanzen von Hand bestäuben.

48 000 Pflanzen pro Hektar

2 Sekunden Zeit pro Pflanze

35 Wochen Saison

12 Euro Stundenlohn

alle **3** Tage Bestäubungen

26 000 €

pro Hektar und Saison

NUTZEN

Warum wir Insekten brauchen

Für unsere Umwelt und uns Menschen sind Insekten von gewaltigem Nutzen. Käfer, Bienen und Co. sorgen für Nahrung, sind Natur-Müllabfuhr, Schädlingsbekämpfer sowie biologische Schatztruhe. Sollten sie euch also mal wieder nerven: Denkt nicht daran, sie zu klatschen, sondern daran, was sie für uns alles leisten. Acht gute Gründe, sie zu schätzen und zu schützen …

Weit mehr als die Hälfte aller bekannten Tierarten weltweit sind Insekten. Vielerorts bilden sie die Grundlage der **Ökosysteme**. Heißt: Sie machen das Überleben anderer Arten erst möglich – etwa, weil sie selbst eine wichtige Futterquelle sind.

Insekten sind schon jetzt in mehr als 130 Ländern wichtiges **Lebensmittel** und Einkommensquelle. Vor allem ärmere Familien verbessern mit gesammelten eiweißreichen Krabblern ihren Speiseplan – oder verkaufen sie auf Märkten.

Insekten bestäuben einen Großteil unserer Kulturpflanzen – steigern und sichern **Ernten**. Allerdings: Wenn sie massenhaft auftreten, können sie diese auch bedrohen.

Insekten sorgen auch für die Bestäubung und den Erhalt von **Wildpflanzen** – und so dafür, dass unsere Natur bunt und vielfältig bleibt.

Insekten sind fantastische **Schädlingsbekämpfer**: Ein Marienkäfer frisst bis zu 150 Blattläuse am Tag, Florfliegen verputzen Hunderte Läuse. Das spart den Einsatz von Insektengiften – und schützt die Umwelt.

Insekten sind vor allem in heißen Klimazonen **Bodenverbesserer**. Sie lockern verhärtete Erdschichten und „düngen" sie mit ihren Hinterlassenschaften. Termiten können in einem Jahr unfruchtbares in nutzbares Ackerland verwandeln.

Insekten sind eine wichtige **Natur-Müllabfuhr**: Sie zersetzen Dung, abgestorbene Pflanzen und Tierkadaver.

Insekten gelten als biologische **Schatztruhen**. Vermutlich bergen sie Millionen bislang unerforschte Stoffe, die uns künftig etwa als Medikamente nützlich sein können.

Illustrationen: Shutterstock

Planet der AMEISEN

Sie leben fast überall, und es sind verdammt viele. Kaum eine andere Insektenfamilie ist so vielgestaltig auf unserem Planeten vertreten wie Ameisen. Wo sie sind, vollbringen sie wahre **Superleistungen** und verblüffen mit tollen Fähigkeiten. Gute Gründe, sich die Krabbler mal ganz genau anzuschauen

— Text: Verena Linde

Eine für alle: Gemeinsam überwinden Ameisen selbst tiefe **Abgründe** – sie bilden mit ihren Körpern Brücken

Fotos: Shutterstock

Je nach Art wohnen die Tiere in Ameisenhaufen, Nestern oder – wie hier – unter der **Erde** in Tiefbauten

Autsch!

Die in den Regenwäldern Mittel- und Südamerikas heimische 24-Stunden-Ameise gehört mit bis zu 3,5 Zentimeter Länge zu den größten Arten überhaupt – und zu den wenigen, die stechen. Der **Stich** gilt als einer der schmerzhaftesten in der Insektenwelt.

Blitzschnell

Die Silberameise lebt in der **Sahara**, der größten Wüste Afrikas. Dort ist es tagsüber zu heiß, um lange zu verweilen. Deshalb rast sie förmlich über den Sand – und schafft dabei knapp einen Meter pro Sekunde.

Sicherlich habt ihr schon einmal eine Ameise oder besser: mehrere Ameisen gesehen. So ein Krabbler kommt schließlich selten allein. War das so spektakulär, dass ihr euren Freundinnen und Freunden davon erzählt habt? Vermutlich nicht. Denn Ameisen sind stinknormal. Aber nur auf den ersten Blick. Wer sie näher betrachtet, staunt schnell gewaltig …

Masse und Klasse

Als Erstes über ihre schiere Zahl. Forschende haben vor Kurzem ausgerechnet: Schätzungsweise 2,5 Millionen Ameisen kommen auf jeden einzelnen Menschen. Das macht knapp 20 Billiarden Krabbler weltweit (eine 20 mit 15 Nullen) – und es könnten noch viel mehr sein. Denn Ameisen leben nahezu überall auf der Welt: im Hochgebirge, im kalten Norden, in den Tropen und in der Wüste. Mehr als 15 000 Arten konnten Forschende bislang unterscheiden.

Aber fangen wir mit den Gemeinsamkeiten an: Wie alle Insekten besitzen auch Ameisen – ob sie nur wenige Millimeter oder zehn Zentimeter messen – Kopf, Brust, Hinterleib, einen festen Panzer aus Chitin und sechs Laufbeine. Dazu am Kopf zwei Antennen und zangenförmige Mundwerkzeuge, die Mandibeln. ▶

Ungekrönt

Diacamma rugosum ist eine Ameisenart, die auf der südostasiatischen Insel **Borneo** lebt. Sie ist die weltweit einzig bekannte Art, die ohne Königin auskommt.

Voller Körpereinsatz: Diese Ameisen bauen im Team ein **Floß**. So gelangt die eine oder andere Kollegin trockenen Fußes übers Wasser

Süß!

Gibt es reichlich Futter, speichern die Honigtopfameisen es in ihrem Hinterleib – und dienen als **Speisekammern** für ihre Artgenossinnen.

Beflügelt sind nur Königinnen und Männchen. Ein typisches Merkmal ist die Taille zwischen Brust und Hinterleib. Ameisen scheiden aus bestimmten Drüsen Duftstoffe aus, ähnlich wie wir Schweiß. Diese tragen Botschaften in sich, zum Beispiel „Hier gibt es etwas zu fressen“ oder „Hier lauert Gefahr“. Andere Drüsen produzieren Gifte. Dank ihrer Ausrüstung behaupten sich Ameisen schon seit 100 Millionen Jahren auf der Welt. Die ersten bevölkerten die Erde, noch ehe *Tyrannosaurus rex* aus dem Ei kroch. Anders als viele Dinos leben die Sechsbeiner seit jeher nicht allein, sondern in extrem gut organisierten Völkern.

Keine geht allein

Ameisen bilden nämlich Staaten. Ob diese aus wenigen Hundert oder 20 Millionen Tieren bestehen, ist für die Organisation unerheblich. Im Zentrum eines Baus hockt stets eine Königin, die Eier legt und so für Nachkommen sorgt. Vor der ersten Eiablage wuseln nur wenige Männchen um sie herum, die sich mit ihr paaren und danach sofort sterben.

Den größten Teil des Staates bilden die emsigen Arbeiterinnen. Sie bauen teils gigantische Nester: hüfthohe Haufen im Wald, manche auch tief in der Erde. Dank trickreicher Konstruktion herrschen dort stets ein guter Luftaustausch und eine optimale Innentemperatur. Außerdem schaffen die Arbeiterinnen Futter herbei, um die Königin und ihre Brut zu versorgen. Dafür „bauen" sie Straßen – und zwar mit echtem Körpereinsatz! Tut sich ein Abgrund vor ihnen auf, klammern sie sich zu Hängebrücken aneinander oder bilden Flöße, auf denen andere dann das Wasser überwinden. Einige Arten verbinden mit solchen Straßen gleich mehrere Nester. So erstreckt sich ein Staat zuweilen über mehrere Tausend Kilometer!

Schlauer Schwarm

Ganz ehrlich: Eine einzelne Ameise ist nicht sonderlich klug. Nicht einmal die Königin. Aber gemeinsam, als Volk, vollbringen die Tiere Erstaunliches. Forschende nennen ihr Geheimnis „Schwarmintelligenz". Und die zeigt sich etwa bei der Futtersuche: Mehrere Kundschafterinnen machen sich auf den Weg. Dabei hinterlassen sie eine unsichtbare Spur aus Duftstoffen. Die Ameise, die den kürzesten Weg zur Nahrung gefunden hat, ist (logischerweise) am schnellsten wieder zurück im Nest. Weil sie ihre Strecke damit zweimal gelaufen ist, also hin und zurück, ist ihre Duftspur doppelt so stark wie die der anderen. Und leitet andere Arbeiterinnen zu den Leckerbissen. ▶

Luftnummer

Schildkrötenameisen wie diese besitzen einen auffällig flachen Körper. Superpraktisch: Damit können sie in den **Baumkronen** von Ast zu Ast gleiten.

Grausam

Die Gelbe Diebsameise klaut die **Brut** aus fremden Ameisennestern – um die Eier zu fressen.

Lecker Honigtau! Viele Ameisen lieben den süßen Saft aus dem Hinterleib der **Blattläuse** – manche melken sie, buchstäblich

Fotos: Shutterstock; mauritius (l.u., r. m. r.); imago (r. m.); BiosPhoto/Fotofinder (r. u. l.)

Allerdings schicken nicht alle Ameisenarten solche Kundschafterinnen los. Eine Ausnahme sind die Wander- oder Treiberameisen. Sie laufen nicht selten zu Hunderttausenden gemeinsam los, wie ein Heer, und bilden dabei eine mehrere Meter breite Front. So fallen sie über alles her, was auf ihrem Weg liegt. Selbst kleinere Säugetiere, Vögel, Frösche und Schlangen sind nicht vor ihnen sicher. Sie werden dann mithilfe der Mundwerkzeuge in Stücke zerteilt und zum Nest transportiert.

Spitzenmäßige Spezialisten

Um solche Kämpfe gewinnen zu können, haben sich einige Wanderameisen spezialisiert: zu Soldatinnen. Ihre großen Köpfe bestehen fast nur aus Kiefern. Dafür haben sie an den Augen gespart, die nur hell und dunkel unterscheiden.

An den Augen zeigt sich gut, wie hoch spezialisiert viele Ameisenarten sind. So besitzt etwa die in den Tropen Südamerikas lebende Art *Gigantiops destructor* Facettenaugen, die so groß sind, dass sie fast den gesamten Kopf bedecken; gut für das Erspähen von Beute im Regenwald. Wüstenameisen nehmen UV-Licht wahr. So finden sie mithilfe des Sonnenstandes zum Bau zurück. Andere, unter Laub lebende

Läuft

Blattschneiderameisen wie *Atta cephalotes* bauen in ihrem Erdnest Lebensmittel an. Genauer gesagt: **Pilze**

Der Name verrät es: **Blattschneiderameisen** zerteilen Blätter, die viel größer sind als sie selbst, und tragen sie in ihren Bau

Goldig Wer ganz genau hinsieht, entdeckt die Pracht: Diese Arbeiterin aus Tansania ist komplett von goldglänzenden **Härchen** bedeckt.

Auch Tiere, die deutlich größer sind als die Ameisen selbst, fallen ihnen zum Opfer – wie diese **Raupe**. Ihr Körper wird zerteilt und abtransportiert

Schnapp! Die Oberkiefer von Schnappkieferameisen sind auffallend kräftig, lang – und vor allem schnell. Schnappen die **Kieferzangen** zusammen, können die Insekten damit nicht nur Beute machen, sondern auch sich selbst weit weg katapultieren. Günstig, wenn's mal brenzlig wird...

Fotos: Shutterstock (l., r. u. r.); imago (r.); mauritius (r. o. l.)

Ameisen besitzen gar keine Augen und orientieren sich nur mit ihren Antennen.

Verschieden ist zudem der Einsatz von Gift: Viele versprühen zur Abwehr Ameisensäure, deren Dampf etwa kleinere Fressfeinde umhaut. Manche wie die Feuerameisen besitzen sogar einen Giftstachel. Blattschneiderameisen versorgen auf ihrem Panzer sitzende Bakterien mit Nährstoffen, damit diese Antibiotika produzieren. Diese Giftstoffe schützen den Ameisenbau vor Parasiten.

Alle für eine

Bleibt noch die Frage: Welche dieser vielen verblüffenden Eigenschaften macht das Geheimnis des Ameisen-Erfolges aus? Forschende vermuten: ihre Selbstlosigkeit. Eigentlich ist es ja so: Lebewesen tun alles dafür, sich fortzupflanzen und das eigene Erbgut weiterzugeben. Doch die allermeisten Ameisen kriegen überhaupt keine Nachkommen – nur ihre Königin legt Eier. Handelten die einzelnen Tiere egoistisch und ließen die Königin im Stich, wären sie schnell ausgestorben. Nur weil die Tiere ihr Leben der Gemeinschaft widmen, pflanzt sich die Art weiter fort. Und das extrem erfolgreich. ■

Das Super Insekt

Licht aus, Spot an! Wir laden zum großen Insekten-Casting. Denn unter den kleinen Krabblern, Fliegern und Kriechern verstecken sich einige **Talente**. Auf der GEOlino-EXTRA-Bühne zeigen sie ihr Können. Wen würdet ihr in die nächste Runde schicken?

Text: Sarah Marquardt — Illustration: Max Fiedler

ZIKADE

Der Sänger

„Ähem, hallo, mein Name ist Zikade, Singzikade, um genau zu sein. Dem einen oder anderen könnten meine Songs bekannt vorkommen. Denn wer im Urlaub am Mittelmeer sein Fenster offen lässt, verpasst keines meiner abendlichen **Konzerte**. Dabei bin ich eigentlich gar kein Sänger, muss ich gestehen. Ich singe nämlich nicht, ich trommle. Und zwar mit zwei speziellen **Trommelorganen**, die wir männlichen Zikaden rechts und links im Bauch tragen. Ob ihr Zweibeiner meine Darbietung als Gesang, Gezirpe oder Getrommel bezeichnet, ist mir dabei ehrlich gesagt egal. Ich widme sie ohnehin nur einer ganz speziellen **Zielgruppe**: den Zikadenweibchen, die ich damit erobern möchte. Ladies, dieser Song ist nur für euch!"

LIBELLE

Die Flugkünstlerin

„Es ist ja nicht zu übersehen: Ich bin ein wenig abgehoben – aber immerhin schwinge ich dabei keine großen Töne. Denn – pssst! – hört mal … Ja, genau: nichts. Im Gegensatz zu Mücken, die euch mit ihren sirrenden rund 1000 **Flügelschlägen** pro Sekunde nerven, starte ich mit gerade einmal 20 bis 30 Schlägen fast lautlos durch. Ich beschleunige schneller als ein **Kampfjet** und bringe es auf eine Geschwindigkeit von bis zu 50 Kilometer pro Stunde. So kann ich sogar mit Autos in der Stadt mithalten. Ich schwebe, drehe **Loopings** und lege bisweilen sogar den Rückwärtsgang ein. Diese Kunststücke beherrsche ich, weil ich meine vier Flügel unabhängig voneinander steuern kann. Sie machen mich zu einer echten Überfliegerin."

TEUFLISCHER EISENPLATTENKÄFER

Der Stuntman

„Nichts … autsch … passiert … ah. Mir … geht's … au … gut … Ein klein wenig gerädert fühle ich mich vielleicht. Immerhin wirft sich selbst ein Teufelskerl wie ich nicht jeden Tag vor ein Auto. Dabei macht mir das tatsächlich rein GAR NICHTS aus! Ich bin schließlich der **Überlebenskünstler** unter den Insekten. Mein ganzer Körper ist wie ein Panzer gebaut und hat dazu noch flexible Nähte, die für einen Stoßdämpfer-Effekt sorgen und verhindern, dass meine harte **Schale** bricht. Genial, oder? Einige von euch Weicheiern sind so neidisch auf unseren Panzerkörper, dass sie uns Käfer ganz genau unter die Lupe genommen haben: Anhand unseres Vorbildes versuchen Forschende ähnlich bruchsicheres **Material** herzustellen. Immerhin hielten wir bei einem Quetschtest das 39 000-Fache unseres Gewichts aus – da seid ihr platt …"

HUNDEFLOH

Die Artistin

„Uuuuund – hepp! Tadaaa! Da schaut ihr, was? Ich bin ganz oben angekommen – und zwar schon unzählige Male. Schließlich bin ich ständig auf dem **Sprung**. Normalerweise hüpfe ich von Köter zu Köter. Wenn's ums Fressen geht, lebe ich nämlich nach dem Motto: **Hundeblut** schmeckt gut! Um auch die höchste Dogge zu erreichen, wurde ich mit kräftigen Sprungbeinen ausgestattet. Mit denen können wir Flöhe aus dem Stand bis zu 25 Zentimeter hoch hüpfen. Das ist so, als würdet ihr Menschen einfach so über den Kölner Dom hopsen. Könnt ihr ja mal ausprobieren ... Aber ich will euch keinen Floh ins Ohr setzen. Wegen unseres Talents ließen Menschen mich und etliche meiner Artgenossinnen in Flohzirkussen auftreten – zum Beispiel als Fußballerinnen. Dafür werden wir auf winzige **Bälle** gesetzt, die wir dann beim nächsten Sprungversuch wegtreten. Lupenreine Kleinkunst würde ich sagen."

STIERKOPF-DUNGKÄFER

Der Kämpfer

„Bei einem Kampf bin ich voll im Tunnel – im Bruttunnel unserer Weibchen! Ich lege mich dort mit männlichen Artgenossen an, die es ebenfalls auf die Damen abgesehen haben. Mit vollem **Körpereinsatz** versuche ich Konkurrenten aus dem Gang herauszudrücken. Dabei stütze ich mich mit den Hinterbeinen an den Tunnelwänden ab. Mit dieser Technik und meinem wahnsinnig kräftigen Körper kann ich mehr als das Tausendfache meines eigenen Gewichts bewegen. Um so viel Stärke zu zeigen, müsste ein ausgewachsener Zweibeiner schon ein mittelgroßes **Flugzeug** schieben. Aber dass ihr Schwächlinge das nicht könnt, sieht man euch ja direkt an – euch fehlt eben das gewisse Etwas. Bei uns Stierkopf-Dungkäfern gilt nämlich: Je länger die **Hörner**, desto besser der Kämpfer. Und jetzt Platz da! Ich muss hier wen beiseiteschieben."

ORCHIDEEN-MANTIS

Das Model

„Ob ich von meinem Job als Blumenmodel leben kann? Na und ob! Mein Aussehen sorgt nämlich dafür, dass ich satt werde. Ich präsentiere mich längst nicht nur hier auf der Bühne als wandelnde **Orchidee**: In den Regenwäldern Süd- und Südostasiens bin ich ein echter Star auf Blatt und Blüte. Bienen, Wespen, Käfer – alle fliegen auf mich! Denn in meiner Rolle als Orchidee lasse ich sie glauben, bei mir gäbe es **Nektar** zu holen. Die haben keinen Schimmer, was ihnen blüht, wenn sie mir zu nahe kommen: Ich habe die kleinen Nektarsucher buchstäblich zum **Fressen** gern und schnappe zu, sobald mir einer von ihnen ums schöne Schreckenhaupt schwirrt."

ERFOLGREICH

Wohin man auch kommt, Insekten sind schon da. Dass sie
haben, liegt auch an ihrer raffinierten Art, Nachwuchs in die
widerstandsfähig und wahre Meisterwerke der Tarnkunst.

— Text: Stefan Greschik

Marienkäfer

Nachwuchs am Fließband

Marienkäfer-Weibchen leisten im Frühling die reinste Fließbandarbeit. Denn dann legen die gepunkteten Insekten bis zu 400 Eier meist an den Unterseiten von Blättern oder an Stängeln und Baumrinde ab – jeweils in Paketen von bis zu 60 spitzen **Körnchen**. Nach fünf bis acht Tagen schlüpfen daraus Larven, die sich gleich mit ihrer Lieblingsspeise vollfuttern: **Blattläuse**. Weil diese vielen Zierpflanzen schaden, werden Marienkäfer-Eier auch gern von Gärtnerinnen und Gärtnern gezielt ausgelegt.

Landkärtchenfalter

Abhängen, wo's wehtut

Von **Brennnesseln** halten sich nicht nur wir Menschen, sondern auch die meisten Tiere fern. Deren säuregefüllte Brennhaare können bekanntlich richtig wehtun. Für den Landkärtchenfalter aber sind sie gerade darum der ideale Platz für die Ablage seiner Eier: Kein Fressfeind wagt sich heran! Der Falter hängt seine Brut als grüne, kurze **Perlenketten** an die Unterseite der Brennnesselblätter, sodass sie mit diesen hin und her schaukeln. Die perfekte Tarnung! Und wenn die Raupen aus den Eiern schlüpfen, wächst ihnen ihre Leibspeise förmlich ins Maul. Denn Landkärtchenfalter haben Brennnesseln auch zum Fressen gern!

VERPACKT

sich so erfolgreich auf der Erde verbreitet
Welt zu setzen. Denn **Insekteneier** sind enorm
Wir stellen euch einige verblüffende Varianten vor

Raubwanze

Der Schoko-Kaktus

Sie sind rund, gleichen Röhren oder Fäden, werden einzeln oder als **Pakete** abgelegt. Insekteneier sind so vielförmig wie die Eltern selbst. Diese hier aber sind echte Hingucker. Die Eier einer Raubwanze ragen als schokobrauner Kaktus auf dem Blatt empor. Ob das stachelige Aussehen Feinde abhält? Vielleicht. Fest steht: Nach dem Schlüpfen ist für reichlich Futter gesorgt. Denn auf den Blättern tummeln sich viele andere Insekten, über die die Larven der kleinen **Räuber** herfallen können.

Wasserskorpion

Im U-Boot geschlüpft

Nicht alle Insekten sitzen auf dem Trockenen. Wasserskorpione beispielsweise lieben schlammige **Gewässer**, wo sie in Ufernähe ihrer Beute auflauern: Wasserflöhen etwa, den Larven von Kaulquappen oder sogar kleinen Fischen! Kein Wunder also, dass sie ihre Eier in Pflanzenteilen ablegen, die im Uferbereich vor sich hin gammeln. Die Eier ähneln kleinen U-Booten und werden über sogenannte **Atemfäden**, die Kontakt zur Wasseroberfläche halten, mit Sauerstoff versorgt. Zwischen Mai und Juli schlüpfen daraus Larven, die sich in ihrer schlammigen Umgebung pudelwohl fühlen.

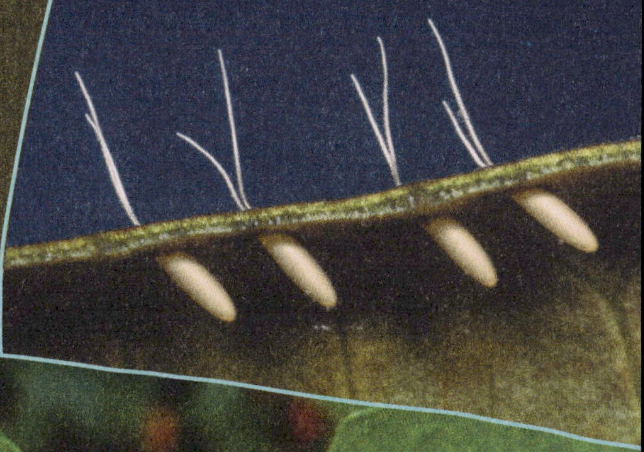

Brackwespe

Reise auf dem Hauptgericht

Arme Schmetterlingslarve! Wie **Reiskörner** kleben die Eier einer Brackwespe auf ihrem Rücken. Was nach einer lustigen Spritztour aussieht, wird für die Raupe übel enden. Denn Brackwespen gehören zu den „Parasitoiden", und das sind echte **Fieslinge**: Sie legen ihre Eier oft auf die Larven anderer Insekten, damit sie sich nach dem Schlüpfen von ihnen ernähren können – wie an einem mobilen Büfett. Nach wenigen Tagen haben die Larven sich vollgefuttert, alle Entwicklungsstadien durchlaufen und fliegen davon. Die tote Raupe bleibt zurück.

Fotos: Shutterstock (l. o., r. u.); imago (l. u., r. o. l., r. o. r.)

Fruchtfliegen

Stars der Wissenschaft

Sie nerven viele Menschen, wenn sie um reifes Obst und Gemüse kreisen. Doch im Labor sind **Fruchtfliegen** unverzichtbar. Wir erzählen euch, warum Forschende die Plagegeister schätzen – und warum wir das auch tun sollten

— Text: Katharina von Ruschkowski

Seit über 120 Jahren beschäftigen sich **Forschende** mit Fruchtfliegen (links). Im Labor wachsen sie genügsam in solchen **Kolben** heran (oben)

Essen ist fertig! In der Laborküche des Kölner Max-Planck-Instituts für Biologie des Alterns (MPI) steht der silbern blitzende Topf schon auf dem Tisch. Sebastian Grönke hat mal wieder Nährbrei nach seinem Spezialrezept gekocht: zwei Kilogramm Zucker und vier Kilogramm Hefe, verrührt in 40 Liter Wasser. Zum Schluss eine Prise Agar-Agar dazu, ein Bindemittel, das die Brühe zum Brei andickt. Schon ist die Leibspeise seiner Forschungshelfer perfekt. „Sie sind bescheiden“, sagt Sebastian Grönke, auch was die Menge anbelangt. 40 Liter Brei reichen für Tausende, tagelang.

Denn bei den Helfern handelt es sich um Schwarzbäuchige Taufliegen *(Drosophila melanogaster)*, vielen von euch vielleicht besser als Fruchtfliegen bekannt. Richtig gelesen: Fruchtfliegen, diese Winzviecher mit den knallroten Augen!

Daheim mag sie niemand gern um sich haben, weil sie sich auf reifem Obst und Gemüse niederlassen und dort ihre Eier ablegen. Meist werden sie darum durch Klatschen aus der Küche verjagt. Im Kölner Labor ist das anders. Hier werden die gerade drei Millimeter großen Fliegen gefüttert, gepäppelt und massenhaft vermehrt. Zehntausende bewohnen die „Fliegenkammer“ des MPI. Immer je 100 schwirren dort in ihren Glaskolben oder -röhrchen. Deren Boden ist bedeckt mit dem zuckrigen Brei, den Sebastian Grönke ihnen gerade kleckweise nachfüllt.

Im Gegenzug werden einige Fliegen gleich verschiedene Tests für ihn durchlaufen, etwa den Klettertest, bei dem sie die Wände ihrer Wohngefäße emporkraxeln müssen. Grönke wird sie dabei beobachten, ihr Klettervermögen festhalten und später sogar einigen zuvor getöteten Tieren das Hirn „herauskratzen“. Das Verrückteste aber ist: Die MPI-Forschenden tun all das nicht, um etwas über die Insekten im Allgemeinen zu erfahren. Sondern: über uns, also den menschlichen Körper! ▶

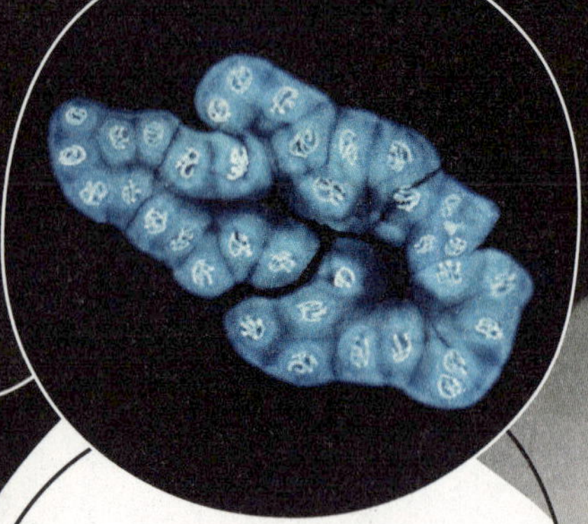

Drosphila-Weibchen sind etwas größer als die Männchen. Daher lassen sie sich mit einem **Pinsel** gut voneinander trennen (rechts). In den Zellen der Speicheldrüsen am Kopf besitzen sie **Riesenchromosomen**: Strukturen, die Gene bergen und im Mikroskop gut sichtbar sind (oben)

Fliegen sind uns verdammt ähnlich!

Mögen die Mini-Insekten und wir Menschen äußerlich nichts miteinander zu tun haben – unsere „Innenleben" ähneln sich verblüffend. Viele Prozesse, die in den Körperzellen und Organen der kleinen Fliegen ablaufen, finden oft fast genauso beim Menschen statt. Und dementsprechend gleicht sich auch ein Großteil der Gene, in denen die Baupläne beider Lebewesen festgelegt sind. Die Fruchtfliege ist darum seit Langem eines der Lieblingstiere in der Medizin und den Biowissenschaften: Abermillionen von ihnen leben, wie hier in Köln, in den Laboren. Wohl kein anderes Lebewesen der Welt ist besser untersucht. Keines hat Forschenden so viele Erkenntnisse über uns Menschen beschert: wie sich neues Leben entwickelt und wie Krankheiten entstehen. Oder darüber, wie unsere innere Uhr tickt oder was Lebewesen altern lässt – das ist Grönkes Thema.

Die hohe genetische Ähnlichkeit ist aber nur ein Grund dafür, dass Wissenschaftlerinnen und Wissenschaftler auf Fruchtfliegen fliegen. Mindestens so wichtig: ihre Genügsamkeit. Anders als andere Labortiere wie Mäuse oder Ratten brauchen sie ja kaum Platz und Futter. Und: Sie vermehren sich rasant. Fruchtfliegen sind noch nicht einmal 24 Stunden auf der Welt, dann pflanzen sie sich schon wieder fort. Unter optimalen Bedingungen legt ein Drosophila-Weibchen bis zu 100 Eier pro Tag, aus denen wieder neue Fliegen werden. Zum Vergleich: Mäuse, mit denen Sebastian Grönke ebenfalls forscht, bringen es pro Jahr auf wenige Dutzend Kinder!

Für den Biologen hat das große Vorteile, erklärt er: „Will ich herausfinden, wie sich ein veränderter Gen-Bauplan oder ein Medikament auf ein Lebewesen auswirkt, muss ich nicht ewig warten. An den Fruchtfliegen kann ich die Folgen oft schon nach Wochen nachvollziehen."

STECKBRIEF:

Schwarzbäuchige Taufliege

Allgemein: Die Schwarzbäuchige Taufliege, wissenschaftlich *Drosophila melanogaster*, ist eine von rund 45 000 Fliegenarten. Sie gilt als Kulturfolgerin, heißt: Sie lebt dort, wo es Menschen und Nutztiere gibt und durch sie Nahrung – also fast weltweit.

Größe: Die Zweiflügler sind knapp drei Millimeter lang, Weibchen meist größer als Männchen.

Nahrung: gärendes und faulendes Obst – darum „Fruchtfliege"

Nachwuchs: Weibchen können täglich bis zu 100 Eier legen. Einen Tag später schlüpfen die Larven, die sich nach fünf Tagen verpuppen. Noch mal vier Tage später schlüpfen die Fliegen. Nach einem Tag nur können sie sich fortpflanzen. Die Fliegen leben bis zu 60 Tage.

Trügerisch: Fruchtfliegen ernähren sich nicht von Früchten, sondern von darauf lebenden **Hefepilzen**. Im Nährbrei in ihren Kolben steckt darum viel Hefe

Warum Drosophila Menschen und Mäusen hilft

Beispiel: Vor einiger Zeit setzte der Alternsforscher seine Fliegen auf Diät. Manche bekamen Brei mit viel, andere mit weniger Eiweiß, das übrigens in der Hefe im Nährbrei steckt. Grönkes Team machte eine erstaunliche Entdeckung: Fliegen, die viel Eiweiß futterten, starben früher als diejenigen, die geringere Mengen bekamen. Natürlich, betont Grönke, sei Eiweiß per se nicht schädlich. Für das Wachstum von Zellen ist es als Nährstoff sogar überlebenswichtig. Doch zu viel Eiweiß knipst im Körper Prozesse an, die Lebewesen schneller altern und sterben lassen. Dagegen helfen könnte übrigens ein Krebsmedikament, das – in bestimmten Dosen verabreicht – den körperlichen Verfall verlangsamt. Auch das hat das MPI-Team erst vor Kurzem an den Fliegen herausgefunden.

Grönke, heute 48 Jahre alt, forscht seit über zwei Jahrzehnten mit Fruchtfliegen. Manchmal, erzählt er, stelle er sich noch immer die Frage: Ist es okay, den Insekten das Leben zu nehmen, damit wir unser Leben besser verstehen? Er findet, ja. „Wir machen keines der Experimente ohne Grund", sagt der Biologe. „Außerdem können wir durch die Fliegenforschung auf manche Versuche mit höher entwickelten Tieren wie Mäusen verzichten."

Aber gerade weil sie so selbstlose Dienste für die Forschung erbringen, soll es den Fruchtfliegen während ihres Laborlebens gut gehen. Darum köchelt Sebastian Grönke für sie den Brei, lässt die Fliegenkammer auf molligwarme 25 Grad aufheizen und die Fliegen ihre Wohngefäße regelmäßig wechseln.

Daheim, in der eigenen Küche, lasse er Fruchtfliegen übrigens meist leben. „Klar", sagt Grönke, „bin ich manchmal auch genervt von den Viechern. Meistens aber noch immer fasziniert – darüber, dass in solchen Winzlingen ein solcher Wissensschatz steckt." ■

Fotos: Frank Vinken/dwb (l., r.); imago (l. o. l.)

Im Sinkflug

Deutschlandweit verschwinden die Insekten. Auch der **Mosel-Apollofalter** droht auszusterben. Doch der Biologe Daniel Müller kämpft schon seit Kindertagen dagegen. Seine Geschichte macht Mut, dass die Insektenwelt noch zu retten ist …

— Text: Katharina von Ruschkowski

Es gibt einen Ort, da gedeiht der Falternachwuchs prächtig! Daniel Müller steigt eilig die Treppe hinauf. Dämmrig ist es hier oben. Nur eine Lampe bringt Licht ins Dunkel und schickt ihren hellen Strahl auf eine schuhkartongroße Plastikbox. Darin winden sich mehrere Dutzend dunkle Raupen zwischen dickblättrigen Pflanzen. Unterm Dach seines Elternhauses in Lehmen an der Mosel züchtet Daniel Müller Apollofalter. „Der wächst super dieses Jahr", sagt er. Schon in ein paar Tagen wird er die Raupen darum an den Steilhängen über der Mosel aussetzen – in der Hoffnung, dass sie sich dort verpuppen, zu Schmetterlingen entfalten und dann eifrig selbst fortpflanzen. „Das ist das Ziel", sagt er.

Der Apollofalter, einer der größten und schönsten Schmetterlinge auf unserem Kontinent, droht zu verschwinden. In Deutschland segelt er nur noch in einer Handvoll Regionen, etwa im Moseltal. Und auch dort droht er auszusterben. Doch Daniel Müller, 26, kämpft seit Jahren dagegen. Seine wichtigste Waffe: eine große Heckenschere. Dazu später mehr ...

Wie alles beginnt

Anfangs will Daniel Müller eigentlich nur staunen und Fotos machen: Er ist fünf, als ihm sein Opa im Garten Schmetterlinge zeigt und erklärt, dass diese hübschen Dinger aus Raupen entstehen. „Ich war sofort begeistert", sagt er heute. Bald steht sein Zimmer voller Kästen und Vasen, in denen er Raupen aufzieht, „was allerdings oft in die Hose ging", gibt der 26-Jährige zu. Mal hat er nicht die richtigen Futterpflanzen. Dann sind die Gefäße zu niedrig. Raupen benötigen Platz und kleine Zweige, um daran hinaufzuklettern und sich zu verpuppen. Was er schon damals lernt: Schmetterlinge brauchen einen speziellen Lebensraum. ▶

Immer nur **Fotos** von schönen Schmetterlingen zu machen – das ist Daniel schnell nicht mehr genug. Mit gerade zwölf Jahren beginnt er, sich für den Falterschutz einzusetzen

Der **Apollofalter** (rechts) steht in Deutschland auf der Roten Liste gefährdeter Arten. Daniel Müller weiß, was der Schmetterling zum **Überleben** braucht: einen felsigen, sonnenbeschienenen Lebensraum (oben)

Fotos: mauritius (l.); Arik Siegel (r. u. l.); privat (r. m. r.); imago (r. u. r.); Illustration: Shutterstock

Der Junge erspäht Admiral, Tagpfauenauge, Schwalbenschwanz. Doch den Mosel-Apollofalter mit seinen schwarz-umrandeten roten Flecken entdeckt er lange nicht. Er prangt zwar als tierischer Star der Region auf Wanderschildern und Weinflaschen. Aber in der Natur – Fehlanzeige. Ein Schmetterlingskundler gibt Daniel einen Tipp, wo der „Apollo" vielleicht zu finden könnte: an einem Hang moselabwärts. Und dort, endlich, werden Daniel und seine Eltern im Juli 2004 fündig. „Der Apollo saß auf einem weißen Blütenpolster, trotz seiner Zeichnung kaum zu erkennen", erinnert sich Daniel Müller. Er schaut, macht ein Foto und denkt bloß: „Nächste Art im Kasten."

In den folgenden Jahren geht er kaum mehr ohne Kamera raus. Bis er – mit zwölf, 13 Jahren – plötzlich genug hat von der Fotojagd. Er weiß nicht mehr genau, was der Auslöser war: vielleicht diese Wiese hinterm Sportplatz, von der auf einmal die einst so verbreiteten Sechsfleck-Widderchen verschwunden waren. „Jedenfalls dachte ich: Jeder weiß doch, wie die Schmetterlinge aussehen. Kümmere dich darum, dass sie sichtbar bleiben."

Wo sind all die Schmetterlinge?

Daniel beginnt, genauer hinzuschauen: Wer ein Tier gut kennt, kann ihm besser helfen. Altes Prinzip des Artenschutzes. Mit Klemmbrett und Kescher durchstreift er nun stundenlang die Wiesen und Steilhänge, notiert, welche Schmetterlinge dort leben, welche verschwunden sind. Er bringt mit einem Freund eine Info-Broschüre heraus, 32 selbst gestaltete Seiten: „Tagfalter an der Untermosel". Klar, sagt Daniel Müller, fanden ihn manche aus der Klasse komisch in dieser Zeit. „Aber das war mir egal."

Ein Schmetterling fasziniert ihn nun besonders: der Mosel-Apollofalter. Warum? Daniel Müller sagt: „Du musst ihn nur mal segeln sehen, ganz ruhig, nicht so flatterig wie andere Schmetterlinge – er ist

Das Falterleben beginnt in einem blaubeergroßen, hellen **Ei**. Daraus schlüpft im Frühjahr eine behaarte Raupe mit orangefarbenen Streifen an beiden Seiten

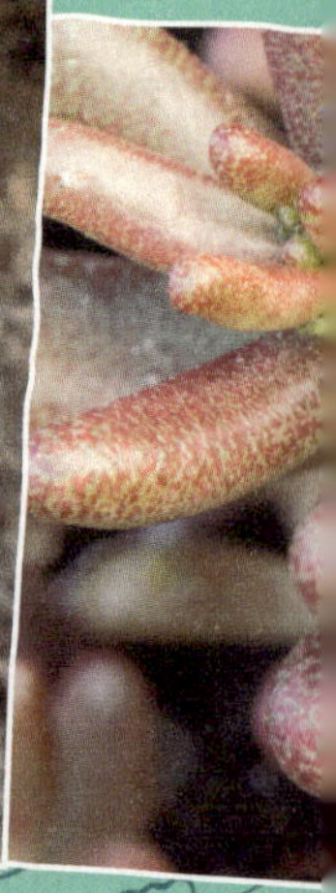

Im Frühjahr schlüpfen die **Raupen** und fressen, fressen, fressen – und zwar nur Weißen Mauerpfeffer. Der blüht verwirrenderweise rötlich und wächst auf kargem Fels

einfach wunderschön.“ Aber man sieht ihn ja kaum mehr! Die Älteren aus der Region erzählen: Früher, als sie Kinder waren, schwebten an manchen Moselhängen 50, 60 Schmetterlinge gleichzeitig über ihnen, wie große Konfettifetzen. Als Daniel nachzählt, kommt er auf 20 Mosel-Apollofalter – im Laufe eines ganzen Tages!

Wer ist schuld?

Die Gründe haben Daniel Müller und seine Mitstreitenden schnell ausgemacht, obwohl sie unsichtbar sind:

Erstens: Stickstoff – als Nährstoff überlebenswichtig für alle Organismen, insbesondere als Dünger für Pflanzen. Doch mittlerweile flirrt zu viel davon in der Natur herum. Denn Bauersleute bringen große Mengen Kunstdünger aus. Auch Gülle und Autoabgase enthalten reichlich Stickstoffverbindungen. Für den Getreideanbau ist das gut, für die Moselhänge und die Apollofalter aber ist es schlecht. Denn die Raupen und Falter lieben den Weißen Mauerpfeffer, der nur an kargen kahlen Felsen und Mauern wächst.

Diese niedrigwüchsige Pflanze mit ihren kleinen, fleischigen Blättchen ist bei uns die mit Abstand wichtigste Nahrungsquelle der Apollofalter-Raupen. Gelangt viel Stickstoff über die Luft an die Hänge, wachsen dort auch andere Pflanzen, die dem Weißen Mauerpfeffer Licht und Wärme klauen. „Die Pflänzchen verschwinden und mit ihnen die Schmetterlinge“, fasst Daniel Müller zusammen.

Zweitens: „Durch den Klimawandel geraten die Jahreszeiten aus dem Takt.“ Immer wieder herrschen schon im Winter Frühlingstemperaturen. „Für die Raupen ist es das Signal, aus den Eiern zu schlüpfen, oft viel zu früh.“ Denn lang anhaltendes nasskaltes Wetter wie im Januar und Februar überleben sie nicht.

Drittens: Womöglich machen den Faltern auch die Pestizide zu ▸

Lebensgrundlage: Nur wenn an einem felsigen Hang ausreichend Weißer Mauerpfeffer wächst, gibt's auch Schmetterlings-Nachwuchs. Fehlt die **Futterpflanze**, verhungern die Raupen

STECKBRIEF:
Apollofalter

Allgemein: Apollofalter, wissenschaftlich: *Parnassius apollo*, waren einst in fast ganz Europa verbreitet. Heute gelten sie als gefährdet. In Deutschland flattern sie nur noch in wenigen felsigen Regionen nahe den Alpen und als eigene Unterart an der Mosel.

Größe: Mit bis zu acht Zentimetern zählen die weiß gemusterten Schönlinge zu den größten Schmetterlingen in Deutschland.

Nahrung: Die Apollofalter-Raupen ernähren sich nur vom Weißen Mauerpfeffer, einer an Felsen wachsenden Pflanze mit dickfleischigen Blättern. Die Falter dagegen laben sich an Disteln, Flockenblumen und Wildem Majoran.

Nachwuchs: Ab Juni legen die Weibchen etwa 100 Eier einzeln direkt an die Raupenfutterpflanze (Weißer Mauerpfeffer) oder in deren Nähe an Moosen, Steinen oder Halmen ab. Ab Ende Februar schlüpfen die Raupen, die sich ab Mitte Mai verpuppen – um nach zwei, drei Wochen als fertige Falter davonzufliegen.

Fotos: Jochen Pulch (l.); Daniel Müller (2); Shutterstock; Karte: Stefanie Peters; Illustration: Shutterstock

schaffen, die in den Weinbergen und auf den angrenzenden Feldern versprüht werden.

Kurzum: Wir Menschen sind mal wieder schuld, oder? Daniel Müller schüttelt den Kopf. „Die Sache ist komplizierter." Denn der Apollo profitiere auch von den Menschen: „Sie förderten seinen Lebensraum." Jahrhundertelang legten sie an den Moselhängen Weinberge an und sorgten dafür, dass dort keine Büsche wuchertern. So blieben die Felsen kahl und sonnenbeschienen – wie es Mauerpfeffer, Raupen und Falter brauchen. Aber mittlerweile hätten viele Winzerinnen und Winzer aufgegeben. Nun macht sich dort wieder die Natur breit und zerstört den Lebensraum des Apollos.

Um den Falter zu retten, muss Daniel Müller darum heute gegen die Büsche kämpfen – mit der Heckenschere. Unterstützt von weiteren Falterfans schneidet er zugewachsene Hänge frei. An und auf den freigelegten Felsen kann sich dann der Weiße Mauerpfeffer wieder entfalten. Außerdem: Flockenblumen, die die im Juni geschlüpften Falter als Nektarpflanzen lieben. Auch die aus seiner Aufzucht im Dachgeschoss.

Warum sich die Mühe trotzdem lohnt!

Daniel Müller, mittlerweile studierter Biologe, hat dem Apollo in den vergangenen Jahren einen Großteil seiner Freizeit gewidmet. Gebracht hat es – ehrlicherweise – nicht sehr viel. Noch immer droht der Schmetterling an der Mosel auszusterben. Lohnt sich der Aufwand? Daniel Müller antwortet, diese Frage stelle er sich auch manchmal. „Aber erstens: Was für den Apollofalter gut ist, nützt auch vielen anderen Pflanzen und Tieren, die nicht so hübsch und behütet sind: dem Nelken-Leimkraut etwa oder der Smaragd-Eidechse." Und zweitens sei der Apollo für ihn Heimat. „Wo er ist, bin ich zu Hause. Und das kann und werde ich nicht kampflos aufgeben." ■

Auf **Partnersuche**: Die Schmetterlinge verändern sich im letzten Stadium ihres Lebens nur noch wenig. Ihre Aufgabe besteht darin, Nachwuchs zu zeugen

So rettet ihr Insekten!

Jeder und jede von euch kann mithelfen, die Insekten zu bewahren – vor der Haustür, in der Schule, am Küchentisch

1. Nehmt euch zwischen dem 4. und dem 13. August eine Stunde Zeit und zählt in Feld, Wald oder Garten Insekten! Die Daten der Nabu-Aktion **Insektensommer 2023** helfen, die Situation der Sechsbeiner einzuschätzen und zu verbessern. Bestimmungs-Tricks und Infos unter: www.nabu.de (Hier in der Suche „Insektensommer" eingeben.)
2. Gestaltet mit euren Eltern Haus und Garten so, dass auch Insekten dort gern leben. Sie brauchen nicht viel: heimische Pflanzen, kleine Wasserstellen und ein bisschen **Unordnung**! Wichtig darum: niemals den ganzen Rasen mähen, sondern Streifen stehen lassen, die den Tieren Nahrung und Verstecke bieten. Und: Finger weg von chemischen Unkrautkillern!
3. Kümmert euch um den Schulgarten oder die Bauminseln vorm Haus, bepflanzt und gießt diese. Die kleinen **Oasen** sind für Insekten in Städten oft überlebenswichtig.
4. Esst insektenfreundlich – am besten **Bio-Produkte**. Bio-Bäuerinnen und -Bauern verzichten auf Pestizide und Kunstdünger, sodass auf ihren Feldern meist viel mehr Insekten und Vögel leben.

Foto: imago; Illustration: Shutterstock

GEO Shop

ANZEIGE

GEOLINO Experimentierkasten „Digitales Mikroskop“

Ob Blätter oder Blüten, die Rinde eines Baumes, Insekten, Textilfasern oder deine eigene Haut – mit diesem leistungsstarken digitalen Mikroskop kannst du ganz leicht und ohne aufwendiges Präparieren den Mikrokosmos um dich herum erkunden. Dank der Foto- und Videofunktion hältst du deine schönsten Entdeckungen fest und teilst sie mit deinen Freunden und deiner Familie.

€ 49,95 (D/A)/Fr. 51,95 (CH), ab 8 Jahren

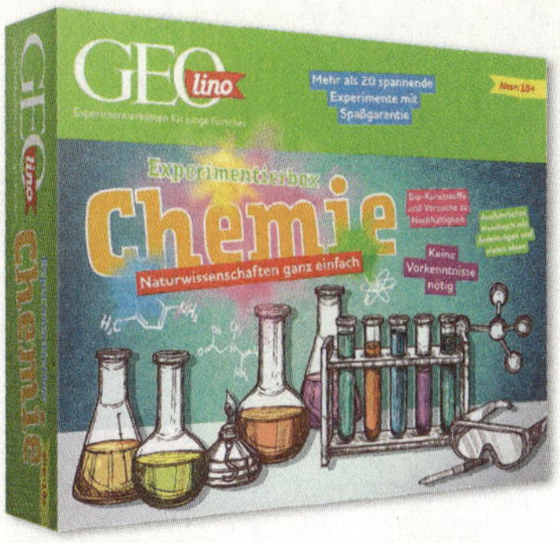

GEOLINO Experimentierkasten „Chemie“

Es blubbert, schäumt und reagiert! Mit dieser Experimentierbox wirst du zum echten Chemie-Forscher. Verblüffende Experimente lassen Cola erblassen oder mysteriöse Gruselwolken entstehen. Spannende Versuche zur Nachhaltigkeit machen dich fit für die Zukunft!

€ 49,95 (D/A)/Fr. 51,95 (CH), ab 10 Jahren

GEOLINO MINI Hörspielbox

Charmant führt Ralph Caspers durch die kunterbunten Geschichten und erlebt gemeinsam mit seinen Insekten-Freunden Grashüpfer Georg, Mistkäfer Mo und Libelle Belle lehrreiche Abenteuer.

Vier Hörspiele zu den Themen Feuerwehr, Pferde und Ponys, Ritter und Burgen, Sterne und Planeten in einer Box.

€ 24,00 (D/A) / Fr. 34,90 (CH), ab 5 Jahren

Die große GEOLINO Sachbuchreihe mit Checker Tobi

Mit seinen Checkerfragen und im Gespräch mit Experten lässt sich Checker Tobi in den sechs Büchern alles zu Gefühlen, Digitalen Medien, Klima, Gesundheit, Haustieren und Demokratie erklären.

Je € 12,00 (D) / € 12,40 (A) / Fr. 17,90 (CH), ab 8 Jahren

GEOLINO Wissensbox

In spannenden Sach-Hörspielen führt Wissensexperte Wigald Boning durch die beliebtesten Themen. Gemeinsam machen wir eine Zeitreise in die Vergangenheit, erforschen das Leben der Menschen sowie Geheimnisse der Erde und entdecken Unerwartetes aus der Tierwelt. Locker, witzig und auch mal ernst, wird das Wissen immer so vermittelt, dass Kinder und Erwachsene Spaß haben zuzuhören und Neues zu lernen.

€ 27,00 (D/A) / Fr. 28,50 (CH), ab 10 Jahren

Wow!

Jetzt bestellen unter shop.geo.de/kinder2023

(Bitte geben Sie immer den Aktionscode an: G00219)

Zahlen, bitte!

Um **180** Grad kann die **Gottesanbeterin** ihren Kopf drehen. Sie ist damit eines von drei Insekten, die über diese geniale Fähigkeit verfügen. Beutetiere, die ungesehen an den extrem gut getarnten Schrecken vorbeihuschen wollen, werden sofort erfasst und in nur 50 bis 60 Millisekunden geschnappt.

Bis zu **65 000** Euro Bußgeld muss in Deutschland jemand zahlen, der eine Hornissenkönigin oder ein **Hornissenvolk** tötet – und dabei von der Polizei erwischt wird. Seit den 1980er-Jahren steht die Hornisse unter Naturschutz …

3 Jahre – mehr als 1000 Tage – harren die Larven der **Eintagsfliege** am Grund eines Flusses oder Teiches im Schlamm aus. Dann schwirren sie zu Hunderttausenden los, um sich zu paaren. Nach kaum 24 Stunden ist das Leben der winzigen Flieger schon wieder vorbei.

Rund **120 000** Kilometer oder dreimal um die Erde müsste eine **Honigbiene** fliegen, um einen Liter Nektar zu sammeln, der schließlich etwa 500 Gramm Honig ergibt.

Bis zu **150** Blattläuse und andere Pflanzenschädlinge verputzt der **Siebenpunkt-Marienkäfer** pro Tag. Er ist ein natürlicher Schädlingsbekämpfer und wird sogar gezielt auf Feldern und in Gärten ausgesetzt.

Illustrationen: Shutterstock

Alle **4 bis 6** Stunden brauchen **Kopfläuse** eine Blutmahlzeit und ritzen dafür winzige Wunden in die Kopfhaut. Aber immer mit der Ruhe: Die Miniatur-Insekten sind kein Drama – nur irre nervig.

70 Zentimeter hoch springt die gerade einmal fünf bis sieben Millimeter kleine **Wiesenschaum-Zikade**. Das ist in etwa so, als würde ein 1,70 Meter großer Mensch aus dem Stand auf einen 200 Meter hohen Wolkenkratzer springen. Im Verhältnis zu ihrer Körpergröße schlägt die Wiesenschaum-Zikade damit alle anderen Insekten, auch den einstigen Rekordhalter im Hochsprung: den Floh.

GUTE NACHRICHT

2021 wurde in Deutschland das **Insektenschutzgesetz** verabschiedet. Es verbietet unter anderem den Einsatz von sogenannten Bioziden, also bestimmten Schädlingsbekämpfungsmitteln, in Schutzgebieten. Und es fördert Aktionen, die zeitweilig Lebensräume für Insekten schaffen, wie zum Beispiel Blühwiesen.

Aus bis zu **30 000** Einzelaugen setzen sich die beiden Komplexaugen einer **Großlibelle** zusammen. Sie sorgen wie ein Weitwinkelobjektiv für nahezu 360-Grad-Sicht. Bis zu 175 neue Bilder fangen die Tiere so ein – pro Sekunde.

Umgerechnet **3 200 000 000** Euro – 3,2 Milliarden! – haben Regierungen, Stiftungen und Organisationen allein im Jahr 2021 in die Bekämpfung der Malaria gesteckt. Die Infektionskrankheit ist vor allem in tropischen und subtropischen Regionen verbreitet und wird durch etwa 60 der rund 400 Arten der **Anopheles-Mücke** übertragen. Allerdings nur von infizierten weiblichen Tieren.

Das **850**-Fache seines Körpergewichts tragen – das schafft nur das stärkste Tier der Welt: der in Südamerika beheimatete, bis zu 18 Zentimeter lange **Herkuleskäfer**.

INSEKTEN AUS KUNSTSTOFF

Topmodell

Julia Stoess bringt Käfer, Bienen und Libellen ganz groß raus: Sie fertigt Modelle von Insekten für Museen – täuschend echt und in riesigem **Maßstab**. Wir haben die Hamburgerin in ihrer Werkstatt besucht und zugeschaut, wie einer der kolossalen Krabbler entsteht

Text: Simone Müller —
Fotos: Hanne Moschkowitz & Michael Koch

Detailverliebt: **Modellbauerin** Julia Stoess hat schon als Kind stundenlang Insekten beobachtet. Heute bildet sie die Tiere in wochenlanger Arbeit originalgetreu in Übergröße nach

in XXL

HONIGBIENE

Vorbild: die weltweit verbreitete Honigbiene *Apis millifera*. Genauer: eine Arbeiterin.

Größe: Von den Fühlern bis zum Stachel misst die Riesenbiene 45 Zentimeter. Damit ist sie etwa so groß wie eine Katze.

Besonderheit: Das Modell bedecken Hunderttausende Einzelhaare. Sie anzukleben dauerte mehrere Wochen.

Umblättern, die Geschichte geht noch weiter ...

LAUFKÄFER (MIT SCHNECKE)

Vorbild: Der Laufkäfer *Scaphinotus marginatus*. Er lebt im Westen Nordamerikas und jagt nachts nach Schnecken.

Größe: Mit 40 Zentimeter Länge ist das ein Kilogramm schwere Modell gut 20-mal größer als in der Natur.

Besonderheit: Der Megakäfer setzt sich aus rund 100 Einzelteilen zusammen.

SANDLAUFKÄFER

Vorbild: Der in Europa und Asien vorkommende Feld-Sandlaufkäfer *Cicindela campestris*.

Größe: In der Natur misst das Männchen gerade mal bis zu 1,5 Zentimeter, im Modell rund 75.

Besonderheit: Die Deckflügel besprühte Julia Stoess mit Spezial-Autolack, sodass sie in verschiedenen Grüntönen schimmern.

SCHRITT FÜR SCHRITT

1

Julia Stoess soll für ein kanadisches Museum ein Laufkäfer-Modell bauen. Dafür werden am Hamburger Centrum für Naturkunde mit **Spezialkameras** Aufnahmen des echten Käfers gemacht.

2

Die Modellbauerin liest alles Wichtige über die Käfer nach. Dann beginnt sie in ihrer **Werkstatt** zu zeichnen. Bei der Schnecke, dem Opfer des Käfers, muss sie genau hinschauen: Sie ist in echt nur bis zu vier Millimeter breit.

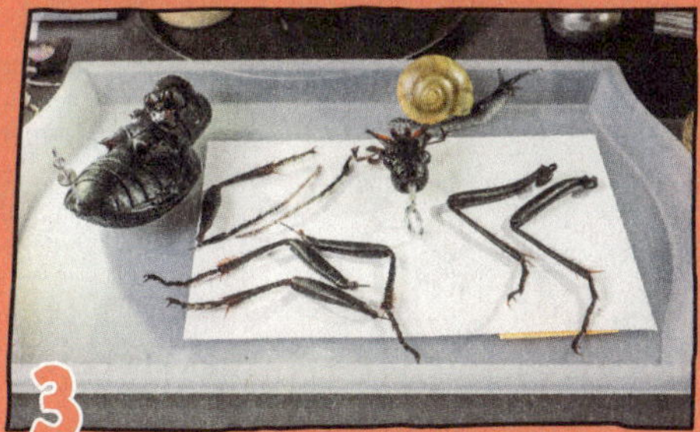

3

Formsache: Beine, Kopf und Körper modelliert Julia Stoess zunächst aus Ton. Anschließend fertigt sie eine **Form** aus Silikon. Diese wiederum füllt sie mit flüssigem Kunststoff, den sie aushärten lässt und lackiert.

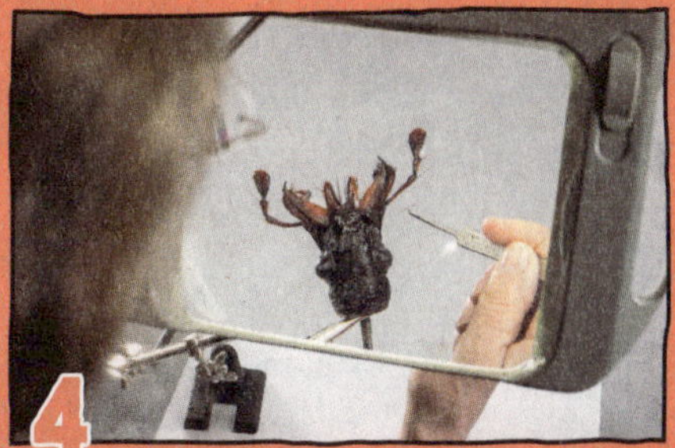

4

Haarige Angelegenheit: Mit einem Zahnarztbohrer hat Julia Stoess winzige Löcher in die **Mundwerkzeuge** gebohrt. In jedes klebt sie eine Borste. Weil diese so fein sind, schaut sie dabei durch eine große Lupe.

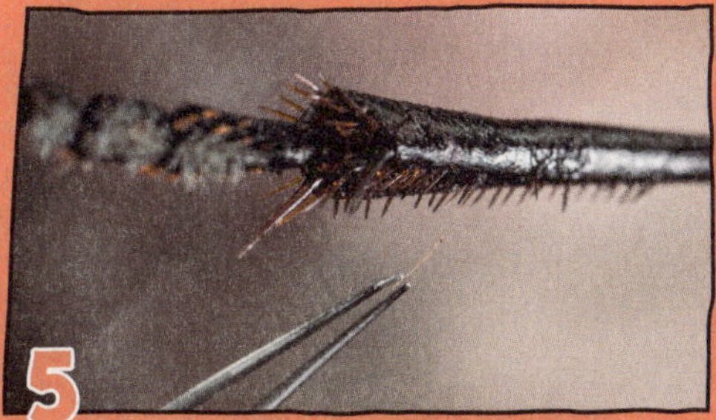

5

Damit die **Borsten** an genau denselben Stellen sitzen wie beim echten Laufkäfer, klebt die Modellbauerin sie einzeln an. Ein enormer Aufwand! Die Modelle kosten deshalb bis zu 25 000 Euro, so viel wie ein Mittelklasse-Auto.

6

Für alle Felle: Julia Stoess benutzt für ihre Insektenmodelle häufig Rothirsch- oder **Elchhaar**. Letzteres hat sowohl feine als auch dicke, borstige Stellen. Bisweilen färbt Julia Stoess die Haare auch passend ein.

7

In die Zange genommen: Nun setzt Julia Stoess die Einzelteile zusammen. Dabei benutzt sie einen **Spezialkleber**, dessen Mischung sie selbst ertüftelt hat. Auch viele Werkzeuge bastelt sich die Modellbauerin selbst.

8

Bereit für den großen Auftritt! Nach drei Monaten ist das Modell fertig, und Julia Stoess lässt es in einem **Studio** fotografieren. Mit einem Kosmetikpinsel entfernt sie Krümel und Staubpartikel vom Untergrund. ▶

FELDMAIKÄFER

Vorbild: Ein Feldmaikäfer-Männchen, wissenschaftlich *Melolontha melolontha*. Er lebt in europäischen Eichen- und Buchenwäldern.

Größe: 80 Zentimeter von einer Flügelspitze bis zur anderen – das Zehnfache eines echten Maikäfers.

Besonderheit: Die hauchdünnen, durchsichtigen Flügel. Julia Stoess verwendet dafür beim Bau vier verschiedene Techniken.

INTERVIEW

Seit 23 Jahren baut Julia Stoess Insektenmodelle, in rund 40 Naturkundemuseen weltweit werden sie inzwischen ausgestellt. Hier erzählt die Modellbauerin, wie sie dazu kam – und woher sie ihre Ideen nimmt

GEOlino EXTRA: Frau Stoess, warum haben Sie es ausgerechnet auf Krabbeltiere wie Käfer abgesehen?

Julia Stoess: Weil gerade Käfer wunderschön sind mit ihren schillernden Farben und verrückten Formen! Außerdem sind sie so raffiniert gebaut. Und was sie alles können! Schon als Kind war ich davon fasziniert, habe sie stundenlang beobachtet.

Und wie wurden Sie zur Modellbauerin?

Ich bin eigentlich gelernte Kostümbildnerin, habe hobbymäßig Fantasie-Insekten gebaut und mir alle Techniken beigebracht. Später habe ich mich an wissenschaftlich exakte Modelle gewagt. Als ich gemerkt habe, dass es bei den Museen Bedarf gibt, habe ich meinen alten Job an den Nagel gehängt. Seitdem ernähre ich mich sozusagen von Ungeziefer.

Oft müssen Sie erfinderisch werden, weil es die Bauteile nicht einfach zu kaufen gibt …

Das stimmt. Ich gehe mit einem anderen Blick durch die Welt und sehe überall Käferstrukturen. Eine Avocado etwa erinnert mich an den Rücken eines Laufkäfers. Einmal habe ich beim Spazierengehen einen Mann mit Hund angesprochen und gefragt, ob ich mir ein bisschen Fell abschneiden darf. Die Haare hatten genau die richtige Struktur für mein Modell.

Sie sitzen manchmal wochenlang da und kleben Härchen für Härchen an. Woher nehmen Sie die Geduld?

Gute Frage! Manchmal wundere ich mich über mich selbst. Ich höre dabei Radio oder Hörbücher, und da gelingt es mir ganz gut, den Kopf auszuschalten.

Haben Sie schon einmal aus Versehen etwas kaputt gemacht?

Ja! Ich saß bis spätabends in der Werkstatt und wollte noch schnell was fertig machen, war aber schon müde und unkonzentriert. Da habe ich den fast fertigen Käfer fallen gelassen. Ich habe noch einmal knapp zwei Wochen gebraucht, um ihn zu reparieren.

Was ging Ihnen da durch den Kopf?

Erst mal natürlich: „Sch****!" Aber lange rege ich mich nicht auf. Es hilft ja nichts.

Wie ist das mit echten Insekten: Hauen Sie einfach drauf, wenn eine Mücke Sie nervt?

Tatsächlich versuche ich das zu vermeiden. Ich weiß ja ganz genau, was ich kaputtmachen würde! ■

GEOlino WERKSTATT

GUT BETUCHT

Dieser Werkstatt-Tipp ist zum Dahinschmelzen! Mit wenig Aufwand haben wir **Bienenwachstücher** hergestellt. Sie sind eine umweltfreundliche Alternative zu Plastikfolie – und bringen euer Pausenbrot garantiert groß raus

IHR BRAUCHT:

1 Stück Baumwoll- oder Leinenstoff • Zickzackschere • 2 Bogen Backpapier • 25 g Bio-Bienenwachspastillen • Bügeleisen

1 Schneidet ein Stück **Baumwollstoff** quadratisch zu – etwa in den Maßen 30 mal 30 Zentimeter. Die Ränder sehen besonders schön aus, wenn ihr mit einer Zickzackschere arbeitet. Ihr könnt natürlich auch eine herkömmliche scharfe Schere benutzen.

2 Legt den zugeschnittenen Stoff auf einen Bogen Backpapier und streicht ihn glatt. Verteilt die **Bienenwachspastillen** gleichmäßig darauf. Pro Tuch braucht ihr etwa 25 Gramm.

3 Legt den zweiten Bogen Backpapier auf den Stoff. Stellt das **Bügeleisen** auf die mittlere Stufe ein. Bügelt so lange vorsichtig über das Backpapier, bis alle Pastillen geschmolzen sind. Wartet, bis das Bienenwachstuch ausgekühlt ist, und entfernt das Backpapier. Lasst euch am besten von einem Erwachsenen helfen.

TIPP: Spült das Tuch nach jedem Einsatz mit lauwarmem Wasser ab und tupft es mit einem Geschirrtuch trocken. Bei stärkerer Verschmutzung gebt einen Spritzer Spülmittel auf einen Schwamm und wischt das Tuch vorsichtig ab.

Fotos: Marina Pepaj/GEOlino

Schrecken

Mit Grashüpfern, die in lauen Sommernächten
gemeinsam. In gefräßigen Schwärmen können sie zur
in Ostafrika. Im Jahr 2020 nehmen mehrere

Text: Annika Sartor — Fotos: Yasuyoshi Chiba

Nahe der kenianischen Stadt Meru läuft ein Landwirt 2021 durch einen **Schwarm** Heuschrecken. Die Flügel der Millionen Tiere rascheln wie Seidenpapier

ohne Ende

zirpen, haben Wüstenheuschrecken wenig
Plage werden und Hungersnöte auslösen – wie zuletzt
Länder den Kampf gegen die Insekten auf …

Als sie kommen, verdunkelt sich der Himmel. Eine riesige Wolke rast auf das nächste Dorf zu. Menschen stürmen aus ihren Hütten. Sie rennen zu ihren Feldern, schlagen mit Spaten in die Luft, mit Tüchern auf den Boden. Sie trommeln auf Kochtöpfe, entzünden Feuer – alles, um den Schwarm zu vertreiben. Doch die Heuschrecken sind schon gelandet. Wie ein lebendiger Teppich bedecken die fingerdicken Insekten das Land. Man kann hören, wie ihre Kiefer alles Grün zermalmen. Wenige Stunden später fliegen die Tiere weiter. Der Überfall ist vorbei und die Umgebung – wie kahl rasiert.

Diese Szene könnte im Frühjahr 2020 in Kenia spielen – oder in Äthiopien, Somalia, Uganda, im Südsudan … Alle diese Länder in Ostafrika leiden zu jener Zeit unter einer Plage von Wüstenheuschrecken. ▶

Im Mais gelandet: Viele Menschen in Kenia leben von der Ernte ihrer **Felder** und der Viehzucht – sie trifft die Heuschreckenplage besonders hart

Denn die Insekten sind extrem verfressen! Blätter, Gräser, Getreide, Tomaten, Bananen, nicht einmal Wassermelonen oder Zwiebeln sind vor ihnen sicher. Jede Wüstenheuschrecke verdrückt täglich so viel, wie sie wiegt. Und genau das wird zu einem Riesenproblem, wenn Massen von ihnen herbeifliegen. Schon ein kleiner Schwarm von einem Quadratkilometer Größe verschlingt so viel Nahrung wie 35 000 Menschen – pro Tag! In Kenia wird 2020 sogar ein Schwarm gesichtet, der sich über 2400 Quadratkilometer erstreckt und geschätzt 200 Milliarden Tiere zählt. Das entspricht der 25-fachen Weltbevölkerung! Für das Land, in dem mehr als die Hälfte der Menschen von der Landwirtschaft lebt, ist es die schlimmste Plage seit 70 Jahren. Wie konnte es so weit kommen? Und: Kann das wieder passieren?

Die Katastrophe beginnt lange zuvor und weit entfernt: In der Rub al-Khali, der größten Sandwüste der Welt, zwischen Saudi-Arabien, Jemen und Oman, regnet es im Mai 2018 heftig. Das kommt so gut wie nie vor! Und weil dort keine Menschen wohnen, bemerkt niemand, was geschieht: Die Wüste beginnt zu leben. Heuschreckeneier, die viele Monate wie im Winterschlaf im Wüstensand steckten, entwickeln sich nun weiter. Weil durch den Regen auch die Pflanzen sprießen, finden die jungen Hüpfer reichlich Nahrung und paaren sich als Erwachsene im Dreimonatstakt, wieder und wieder. Dazu muss man wissen: Wüstenheuschrecken sind wahre Vermehrungswunder. Jede neue Generation zählt ungefähr 20-mal so viele Tiere wie die vorige. Im März 2019 ist ihre Anzahl darum schon um das

STECKBRIEF:
Wüstenheuschrecke

Allgemein: Wüstenheuschrecken, wissenschaftlich *Schistocerca gregaria*, kommen hauptsächlich in Wüsten- und Trockengebieten in Nord- und Ostafrika, auf der Arabischen Halbinsel sowie in Südwestasien vor. Sie leben zunächst als Einzelgänger an einem Ort (solitäre Variante), können sich aber in umherziehende Schwarmtiere verwandeln (gregäre Variante).

Größe und Gewicht: Weibchen sind etwas größer als Männchen und erreichen eine Körperlänge von bis zu neun Zentimetern. Die Tiere wiegen etwa zwei Gramm.

Nahrung: Ausgewachsene Wüstenheuschrecken fressen täglich so viel, wie sie wiegen. Sie ernähren sich von Samen jeglicher Art, Gräsern, Trieben, Blättern, Rinde, Getreide, Früchten und Gemüse.

Nachwuchs: Weibchen legen ihre Eier im Boden ab. Nach bis zu 65 Tagen schlüpfen daraus Miniheuschrecken, die man Nymphen nennt. In durchschnittlich fünf Wochen durchlaufen sie fünf Entwicklungsstadien und häuten sich schließlich zu flugfähigen Insekten.

Man sieht den **Baum** vor lauter Tieren nicht: Forschende schätzen, dass Heuschrecken weltweit bis zu 20 Prozent aller Landfläche bedecken könnten – wenn man sie ließe

8000-Fache gestiegen. Und: Die Heuschrecken verwandeln sich …

Angesichts der Riesenschwärme klingt es unglaublich, aber: Eigentlich sind Wüstenheuschrecken Einzelgänger und bleiben ihrem Geburtsort treu. Das ändert sich nur, wenn die Tiere sich explosionsartig vermehren und sich wortwörtlich gegenseitig auf den Füßen stehen: Berühren sich im Gedränge die Hinterbeine, löst das in ihrem Körper die Produktion des Botenstoffes Serotonin aus. Dieses Hormon bewirkt, dass die Flugmuskulatur wächst und sich die tarngrünen Heuschrecken gelb-schwarz verfärben. Vor allem aber ändern sie ihr Verhalten! Schon die Nymphen, also die Jungtiere, rotten sich plötzlich zu Kolonnen zusammen und beginnen, sich in fließenden Strömen über den Boden zu bewegen. Diese Verwandlung passiert innerhalb weniger Stunden.

Während junge Heuschrecken „auf dem Sprung" nur Hunderte Meter am Tag zurücklegen, gibt es für erwachsene, die sich in Schwärmen auf Wanderschaft begeben, kein Halten mehr: Haben sie Flügel ausgebildet, lassen sie sich vom Wind treiben und schaffen bis zu 150 Kilometer Strecke am Tag. So überwindet die Millionenmasse – auf der Suche nach Nahrung – das Rote Meer und fliegt Ende 2019 in Ostafrika ein. Zu diesem Zeitpunkt sind es schon 64 Millionen Mal so viele Heuschrecken wie zu Beginn in der Wüste!

Konnte man all das nicht kommen sehen? Doch, tatsächlich! Es gab Warnungen, schon bevor die Tiere Afrika erreicht hatten. Die Welternährungsorganisation FAO hat ein Team, das genau dafür zuständig ist: Die Expertinnen und Experten treffen eine ▶

Letztes Mittel: Diese Fässer kommen gleich an Bord von Flugzeugen. Sie enthalten giftige **Chemikalien**, die aus der Luft versprüht werden und die Heuschrecken töten

Fotos: Yasuyoshi Chiba/AFP/Getty Images (l.); The Bug Picture (r.)

Heuschrecken-Vorhersage, so ähnlich wie bei einem Wetterbericht. Dafür prüfen sie mit Satellitenbildern, wie viel Regen im Verbreitungsgebiet der Insekten fällt, beobachten Temperaturen, Pflanzenwachstum und woher der Wind weht. Vor allem aber verlassen sie sich auf Mitarbeitende in den betroffenen Ländern. Diese behalten die Brutgebiete der Insekten im Auge und melden jede Woche, wie viele Eier, Nymphen oder fliegende Heuschrecken sie entdecken. Anhand dieser Daten berechnet das FAO-Team, wie sich die Tiere wohl weiter vermehren – und ob sie zur Plage werden könnten.

Bloß: Im Jahr 2019 funktioniert das System nicht gut genug; etwa weil im Jemen – dem Land, in dem die Schwärme zuerst einfallen – Bürgerkrieg herrscht und an Insektenbekämpfung nicht zu denken ist. Andere Länder sind auf so eine schlimme Plage schlicht nicht vorbereitet. Im Frühjahr 2020 bremst auch noch die Corona-Pandemie die Bekämpfung in Ostafrika aus.

Dort lassen sich die Heuschrecken schließlich nur noch mit giftigen Chemikalien eindämmen. Die FAO, die den Einsatz leitet, organisiert umgerechnet 150 Millionen Euro, Sprühflugzeuge und Piloten. In den Morgenstunden kreisen die Maschinen in der Luft und vernebeln weite Flächen Land. Zusätzlich rücken am Boden Teams mit Handpumpen aus und folgen den Heuschrecken. Das Gift tötet die Tiere innerhalb weniger Stunden. Nach einem Tag hat es sich zersetzt und ist unschädlich – trotzdem kann es vorher natürlich anderen Tieren und Menschen schaden. Doch

Wüstenheuschrecken vermehren sich, wo es warm und feucht ist. Regnet es durch den **Klimawandel** häufiger und stärker, können neue Plagen entstehen

»Wir haben sie von den Bäumen gepflückt«

Laura Stanford, 35, lebt in Kenia. Sie hat die jüngste Plage miterlebt – und eine Idee entwickelt: Sie will die Heuschrecken, die sonst nur schaden, nutzbar machen

GEOlino EXTRA: Frau Stanford, Ihr Unternehmen The Bug Picture verarbeitet Wüstenheuschrecken zu Tierfutter – wie kam es dazu?

Laura Stanford: Als die Heuschrecken 2020 durch Kenia zogen, waren die Bauern und ihre Familien verzweifelt. Sie waren am meisten betroffen, mussten aber tatenlos zusehen. Ich wollte ihnen helfen. Weil mein Unternehmen schon andere Insekten verarbeitet hat, wusste ich, wie nahrhaft sie sind: Heuschrecken enthalten prozentual mehr Eiweiß als Rind, Hühnchen oder Fisch.

Aber wie „erntet" man Heuschrecken?

Das mussten wir auch erst mal lernen. Zu Beginn haben wir die Schwärme mit Netzen gejagt – das muss ziemlich witzig ausgesehen haben, brachte aber wenig Erfolg. Später haben wir gemerkt: Nachts geht es besser. Dann schlafen die Heuschrecken nämlich, und man kann sie einzeln von den Bäumen pflücken.

Wie haben die Menschen auf Ihre Idee reagiert?

Sie waren froh, etwas tun zu können! Erst haben nur junge Männer mitgemacht. Aber zu den nächsten Ernten kamen ganze Familien: Frauen, Kinder, Großeltern. Pro Nacht hat jeder durchschnittlich 24 Kilogramm Heuschrecken gesammelt und von uns dafür zehn Dollar bekommen – das entspricht in Kenia einem halben Monatsgehalt.

Was geschieht nach der Ernte?

Die Heuschrecken werden getrocknet, gemahlen und dann an Tiere verfüttert oder zu Dünger verarbeitet. Sollte eine neue Plage kommen, können die Bauernfamilien das natürlich auch ohne uns tun – und sich selbst helfen.

Insekten in Säcken: Diese Männer haben in der Region Laikipia bei der **Ernte** geholfen und wiegen die gesammelten Heuschrecken

welche andere Wahl haben sie? (Lest dazu das Interview rechts.)

Bis zum Frühjahr 2022 dauert es, dann ist die Plage in Kenia endlich besiegt. Die FAO hat ihr Überwachungssystem seitdem ausgebaut: In Somalia eröffnet sie im Februar 2023 zum Beispiel ein eigenes Heuschrecken-Krisenzentrum. Auf der Internetseite Locust Watch (übersetzt: „Heuschrecken-Wache") veröffentlicht die Organisation außerdem ihre gesammelten Daten und Vorhersagen. Wo wurden Jungtiere oder Schwärme gesichtet? In welche Richtung bewegen sie sich? Ein Farbsystem zeigt auf den ersten Blick, ob die Lage entspannt oder bedrohlich ist. Im Juni 2023 steht das Banner auf Grün, das bedeutet: Alles unter Kontrolle. ■

Ab 9 Jahren

Auf 6 spannenden Reisen die Wunder der Welt entdecken

1 Jahr GEOLINO EXTRA für 57,– € lesen oder verschenken und Wunsch-Prämie sichern!

- 6x GEOLINO EXTRA portofrei nach Hause
- Jede Ausgabe zu einem spannenden Thema

Gleich Prämie wählen und bestellen:

Anbieter des Abonnements ist Gruner + Jahr Deutschland GmbH. Belieferung, Betreuung und Abrechnung erfolgen durch DPV Deutscher Pressevertrieb GmbH als leistenden Unternehmer.

GEO

01
Hängesessel „Relax“
- Der perfekte Ort zum Lesen oder Träumen
- 100% Baumwollgewebe
- Lieferung inklusive Sitzkissen

Ohne Zuzahlung

02
GEOLINO EXTRA-Heftpaket
- Zwei besonders beliebte Ausgaben: „Helden“ und „Tierisch schlau“

Ohne Zuzahlung

03
GEOLINO-Sammelschuber
- Aus robustem Hartkarton
- Schützt und bringt Ordnung in die GEOLINO-Sammlung
- Für bis zu 14 Ausgaben

Zuzahlung: nur 1,– €

Prämie zur Wahl!

04
GEOLINO EXTRA-Hörbuchbox „Abenteuer Tierreich“
- Vier Sach-Hörspiele
- Die größten Geheimnisse der Tierwelt
- Gelesen von Wigald Boning

Ohne Zuzahlung

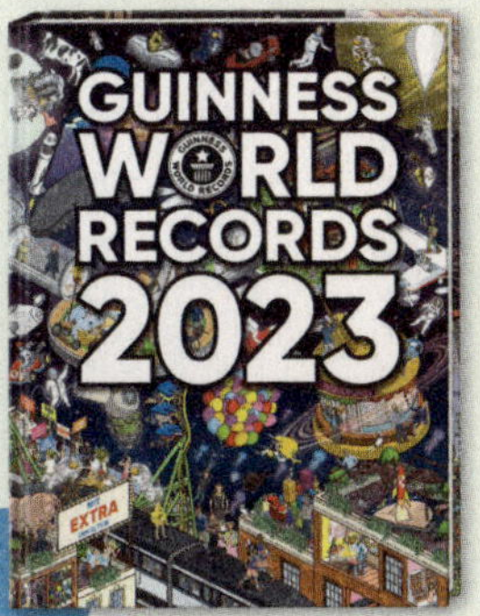

05
Buch „Guinness World Records 2023“
- Tolle Leistungen, meisterhaftes Können und Spaßrekorde
- Spektakuläres Fotomaterial
- Gebunden, 256 Seiten

Ohne Zuzahlung

06
noDNA Lernbausatz „Spider Robot“
- Lebensecht krabbelnde Roboterspinne
- Bebilderte Schritt-für Schritt-Bauanleitung

Zuzahlung: nur 1,– €

www.geolino.de/extra | **+49 (0) 40 / 55 55 89 90**

6 Ausgaben GEOLINO EXTRA für zzt. 57,– € (ggf. zzgl. einmaliger Zuzahlung für die Prämie). Es besteht ein 14-tägiges Widerrufsrecht. Zahlungsziel: 14 Tage nach Rechnungserhalt. Alle Preisangaben inkl. MwSt. und Versand.

Bitte Bestell-Nr. angeben: selbst lesen 199 9966/verschenken 199 9967

DAS IST IHR JOB

Insekten fotografieren, Schmetterlinge präparieren, Honig produzieren: Viele **Berufe** klingen unglaublich spannend. Aber sind sie es wirklich? Wir machen den Check

— Protokolle: Nicole Röndigs

Mit offenen Augen unterwegs: **Fotograf** Piotr Naskrecki freut sich über seinen derzeitigen Einsatzort. Im Gorongosa-Nationalpark in Mosambik gibt es noch viele neue Insektenarten zu entdecken, sagt er

Gut getarnt: Diese **Gottesanbeterin** gibt vor, eine Blume zu sein. Clever! Verputzt sie doch am liebsten Bestäuber-Insekten wie Schmetterlinge und Bienen

PIOTR NASKRECKI, 57:

NATURFOTOGRAF

Arbeitsort: zurzeit der Gorongosa-Nationalpark in Mosambik

So sieht mein Alltag aus: Bei mir ist jeder Arbeitstag anders. Ich mache nämlich nicht nur Fotos, sondern bin auch Wissenschaftler und unterrichte Studierende. Im Moment erforsche ich, welche Rolle Insekten im Ökosystem des Gorongosa-Nationalparks spielen. Angefangen habe ich aber als Wissenschaftsfotograf. Winzlinge wie Heuschrecken oder Gottesanbeterinnen sind viel schwieriger zu fotografieren als Vögel oder Säugetiere. Von einem Löwen kann man aus 100 Meter Entfernung ein gutes Bild machen – das Tier merkt gar nicht, dass man da ist. An Insekten muss ich oft bis auf wenige Zentimeter heran. Ich bin immer extrem vorsichtig, um sie nicht zu verscheuchen. Meine Fotos betrachte ich als Werbung dafür, Insekten besser zu verstehen und zu schützen.

Ich habe diesen Beruf ergriffen, weil … Insekten für mich die faszinierendste Tierklasse auf unserem Planeten sind.

Das mag ich besonders an meinem Job: Dass ich oft der Erste bin, der eine bestimmte Insektenart fotografiert.

Manchmal nervt mich … dass es in Nationalparks oft sehr staubig oder schlammig ist. Das ist schlecht für meine Kameras. Ich muss dauernd neue kaufen!

Während meiner Ausbildung habe ich gelernt … richtig mit einer Fotokamera umzugehen. Das müssen Fotografinnen und Fotografen perfekt beherrschen. Wer Tiere fotografieren will, muss außerdem viel über sie wissen. Denn nur wenn man ihr Verhalten versteht und es vorhersehen kann, gelingen tolle Bilder.

Das Spannendste an Insekten ist für mich … dass sie so viele Dinge besser können als alle anderen Tiere. Sie finden sogar Lösungen für scheinbar unlösbare Probleme! Deshalb sind sie so weit verbreitet und haben fast jede ökologische Nische der Erde besetzt.

Actionfaktor: ★★★☆☆

Ist was für: Tierfreunde, Naturliebhaber, Einzelgänger

Am Boden geblieben: Anders als die Männchen hat dieses **Regenheuschrecken-Weibchen** keine Flügel. Das mausgroße Insekt lebt ständig zwischen trockenen Blättern

Geduld ist angesagt: Um beispielsweise ein Insekt im Flug zu fotografieren, benötigt Piotr Naskrecki manchmal drei Tage

Fotos: Piotr Naskrecki; Shutterstock (l. o.)

Raus ins Grüne: Am liebsten arbeitet Michael Falkenberg in der Natur. Dort fängt der **Präparator** Insekten für das Museum – häufig mit einem Fangnetz

Sonderanfertigung: Was wie Nähnadeln aussieht, sind tatsächlich spezielle **Insektennadeln** zum Fixieren

Mit **Fingerspitzengefühl:** Schon in der Schule hat Michael Falkenberg Präparieren gelernt. Schmetterlinge haben es ihm besonders angetan

MICHAEL FALKENBERG, 55:

INSEKTEN-PRÄPARATOR

Arbeitsort: das Staatliche Museum für Naturkunde in Karlsruhe

So sieht mein Alltag aus: Als Präparator richte ich Tiere wie Käfer oder Schmetterlinge so her, dass die Museumsbesucherinnen und -besucher sie viele Jahre lang in unseren Ausstellungen anschauen können. Besonders bei zarten Schmetterlingen ist das knifflig: Nach dem Fang werden sie für den Transport zwischen Pergamentpapier getrocknet. Wenn sie im Museum ankommen, lege ich die Falter in eine Box mit Wasser und Konservierungsmittel. So werden sie wieder biegsam und schimmeln nicht. Dann beginnt die Präparation: Dafür wird der Schmetterling auf eine Insektennadel gespießt. Anschließend lege ich ihn auf ein Holzbrett und richte mit einer Präpariernadel Fühler, Beine und Flügel aus. Dabei spanne ich den Körper mit Spannstreifen und Nadeln auf das Brett – dafür braucht man eine ruhige Hand! Daneben kommt ein Etikett, auf dem steht, wann und wo das Tier gefangen wurde. Nach drei Wochen ist das Präparat getrocknet, und ich kann die Nadeln herausziehen. Käfer zu präparieren ist einfacher: Die sind durch ihre Panzer nicht so empfindlich.

Ich bin Präparator geworden, weil … ich mich schon als Kind gern mit Insekten beschäftigt habe. In einer Schul-AG habe ich das Präparieren gelernt. Später bin ich erst mal Elektriker geworden. Aber dann hat das Karlsruher Naturkundemuseum einen Präparator gesucht, und ich habe mich beworben.

Das mag ich besonders an meinem Job: Freilandarbeit und Feldforschung sind immer spannend. Manchmal reise ich zu einer Forschungsstation im Tieflandregenwald von Peru und sammle dort selbst Insekten für unser Museum.

Manchmal nervt mich … der Bürokram, den ich zwischendurch erledigen muss.

Während meiner Ausbildung habe ich gelernt … meine Fingerfertigkeit zu trainieren, damit ich die empfindlichen Tiere nicht beschädige. Man sollte sich für Insekten interessieren und viel über sie lernen – am besten in der Natur. Wer sich für den Beruf interessiert, kann Biologie studieren. Oder wie ich Erfahrung mit dieser Arbeit sammeln und so in den Job hineinwachsen.

Das Spannendste an Insekten ist für mich … wie irre vielfältig sie sind! Schließlich sind sie die artenreichste Tierklasse überhaupt!

Actionfaktor: 1 von 5

Ist was für: Forscher, Geschickte

In Deckung: Wenn Bienen den Rauch aus dem **Smoker** wahrnehmen, wittern sie Gefahr. Sie ziehen sich dann in den Stock zurück, um Honig zu saugen – als Notproviant sozusagen

ELENA CHMIELEWSKI, 52:

IMKERIN

Arbeitsort: der Schulgarten und das Honighaus im Hamburger Volkspark

So sieht mein Alltag aus: Wenn ich morgens zu meinen Bienenstöcken komme, ziehe ich erst einmal Schutzkleidung an, die mich vor Stichen schützt: einen Imkeranzug und einen Hut mit Netz vor dem Gesicht. Außerdem benutze ich einen Smoker. Das ist ein kleines Gerät, in dem Holz verbrannt wird. Wenn die Bienen den Rauch wahrnehmen, ziehen sie sich in den Stock zurück. So kann ich ihn in Ruhe öffnen und schauen, ob die Tiere etwas brauchen. Wenn sie gerade viel Honig produzieren, benötigen sie zum Beispiel mehr Platz. Die Bienenstöcke bestehen aus übereinandergestapelten Kisten – ich muss nur eine weitere draufsetzen. Zweimal im Jahr ernte ich Honig: Dafür nehme ich die Waben vorsichtig aus dem Stock und transportiere sie zu einem Schleuderraum. Dort schleudert eine Maschine den Honig heraus, ich entferne Wachsstücke mit einem Sieb und fülle Gläser für den Verkauf ab.

Ich bin Imkerin geworden, weil … ich vor einigen Jahren in ein Haus mit Garten umgezogen bin und mir meinen ersten Bienenstock zugelegt habe. In vielen Kursen habe ich mir Wissen über Bienen und Imkerei angeeignet. Später habe ich angefangen, selbst Kurse zu geben: etwa für Schulklassen und Leute, die auch Imkerin oder Imker werden wollen.

Das mag ich besonders an meinem Job: Beim Imkern riecht es immer ganz toll nach Wachs, Pollen und Honig.

Manchmal nervt mich … wie viel Schaden wir Menschen in der Natur anrichten. Auch wenn ich mich gut um meine Bienen kümmere: Ich mache mir Sorgen um die anderen Insekten.

Während meiner Ausbildung habe ich gelernt … wie Bienenvölker leben, wie man sie in den verschiedenen Jahreszeiten richtig pflegt und wie man Honig erntet.

An Bienen fasziniert mich besonders … wie sie gemeinsam einen Staat bilden. Jedes Tier funktioniert wie eine Zelle im Körper. Alle arbeiten zusammen, damit ihr Volk überlebt.

Actionfaktor: ★★☆☆☆

Ist was für: Tierfreunde, Naturliebhaber, Mutige

Neue Aufgabe: Elena Chmielewski war früher Fotografin. Heute gibt sie **Kurse** über Bienen und Imkerei

In Deutschland darf grundsätzlich jeder und jede Bienen halten. Die **Ausbildung** zur Imkerin oder zum Imker dauert drei Jahre

Fotos: Volker Griener (l.); Holger Chmielewski (r. m. r.) Simon Maier (r. o. r., r. u. r.); Shutterstock (l. u. r., r. o. l.)

DIE WELT OHNE INSEKTEN?

Ganz ehrlich: Manchmal sind die kleinen Flatter- und Krabbelbiester richtig lästig. Doch eine Welt ohne Wildbiene, Mistkäfer und Waldameise möchte sich niemand vorstellen. Um die **Bedrohung** zu verstehen, müssen wir es trotzdem einmal tun …

— Text: Heiko Kammerhoff

Fotos: Shutterstock

Kein Einzelfall: Zahlreiche Insektenarten stehen vor dem **Aussterben**. Wenn immer weniger Wildbienen ausfliegen oder Käfer herumkrabbeln, hat das Folgen …

Ein einsamer Eisbär treibt auf der Scholle im Nordpolarmeer. Zwei Pandas knabbern friedlich an ihren Bambuszweigen. Die Augen des Tigers starren durchs dichte Grün des Regenwaldes. Mit solchen Fotomotiven werben Umweltorganisationen um Unterstützung für bedrohte Tierarten. Ihre „Topmodels“ sind groß und stark, flauschig und knuffig. Alles Eigenschaften, die Insekten nicht haben …

Doch die sechsbeinigen Krabbler und Brummer sind enorm wichtig für die Natur – und zwar für die gesamte Flora und Fauna, also alle Pflanzen und Tiere. Genau wie für Pilze und Bakterien. Insekten bilden sogar das Fundament unseres Lebens. Weil sie so unauffällig sind, ist es weniger offensichtlich. Aber: Sie sind genauso bedroht wie Eisbär, Panda und Co.!

Wir Menschen haben mit der modernen Landwirtschaft, dem Abholzen der Wälder, der Versiegelung der Böden durch Straßen und Bebauung und dem vornehmlich menschengemachten Klimawandel dafür gesorgt, dass Insekten weltweit immer weniger werden. Pestizide und Düngemittel auf den Feldern und die Belastung der Gewässer durch Abwässer lassen das Leben im Verborgenen verkümmern.

Studien zeigen, dass die Masse der Insekten in manchen Gegenden Deutschlands in den vergangenen gut 30 Jahren um 75 Prozent geschrumpft ist. Bildlich erklärt heißt das: Statt 4000 summen nur noch 1000 Bienen über eine Blumenwiese, sorgen nur noch ein Viertel der Käfer in einem Fleckchen Erdreich für Auflockerung. Aber es geht nicht um eine Wiese hier oder ein paar Äcker dort. Das Problem ist ein weltweites, und es besteht aus unvorstellbar großen Zahlen. Denn: Es tummeln sich so viele Insekten auf der Welt, dass sie weitaus mehr Gewicht auf die Waage brächten als alle Wirbeltiere ▸

(inklusive uns Menschen) zusammen – jedenfalls noch! Sie beleben und bearbeiten die Erde unermüdlich. Indem sie Pflanzen bestäuben etwa. Würden Bienen, Hummeln, Wespen und andere Hautflügler nicht immerzu von Blüte zu Blüte schwirren und dabei die Pollen verteilen, fiele die Ernte von Gurken, Äpfeln, Birnen, Erdbeeren und vielen anderen Obst- und Gemüsesorten recht mager aus – oder ganz weg.

An manchen Orten müssen die Menschen schon jetzt selbst Hand anlegen, um das zu verhindern. In China etwa klettern Frauen und Männer auf Leitern, um die Narben in den Obstbaumblüten von Hand mit Pollen zu bepinseln. Eine eher furchtbare als fruchtbare Tätigkeit ... Häufig leihen Obstbauern sich deshalb auch Bienenvölker, damit diese ihre Felder „beackern" – Nachhilfe für die Natur.

Neben der Bestäubung vollbringen Insekten unzählige weitere Aufgaben, viele davon durch ihr bloßes Dasein: Larven, die im Boden leben, schützen ihn etwa vor Erosion. Ohne sie würde bei Regen so einiges ins Rutschen geraten. Außerdem räumen Insekten gründlich auf: Abgestorbene Pflanzen, Blätter, Dung oder Aas – alles zersetzen die Käfer, Larven und Fliegen mit ihren Kauwerkzeugen und in ihren Verdauungsorganen. Ameisenkolonien bauen mehr Tierkadaver und damit mehr Fleisch ab als alle fleischfressenden Säugetiere der Welt. Eine Welt ohne diese Müllabfuhr? Würde zum Himmel stinken!

Vor allem aber stehen Insekten selbst am Anfang der Nahrungskette. Grashüpfer, Fliegen und Käfer sowie viele andere Insekten sind die Beute von Vögeln, Reptilien, Fischen, Spinnen, Fledermäusen und weiteren Säugetieren. Nimmt ihre Zahl weiter so drastisch ab wie in den vergangenen Jahrzehnten, brechen letztendlich viele Ökosysteme unwiederbringlich in sich zusammen. Eine schlimme Vorstellung – aber eine, die nicht wahr werden muss, wenn wir uns besser um die Insekten und ihre Lebensräume kümmern. ■

In der Shandong-Provinz im Osten Chinas bestäuben Arbeiterinnen mit langen Stäben die Blüten einer **Birnbaum-Plantage**. Das dauert nicht nur länger als bei den Bienen, es ist auch längst nicht so wirkungsvoll

RÄTSEL

Extratour

Habt ihr alle Geschichten gelesen? Dann knackt ihr diese **Knobeleien** bestimmt. Wenn nicht: Viel Spaß beim Suchen! Die Lösungen verstecken sich nämlich im Heft

1. Welche Insekten haben wir hier zusammengesetzt?

2. Welche Insekten passen nicht in die Reihe?

- Fliegen
- Marienkäfer
- Mücken
- Schwebfliegen

3. Wer springt höher?

(A) Wiesenschaum-Zikade
(B) Hundefloh

4. Auf wen treffen folgende Aussagen zu?

- fliegt in Schwärmen von Millionen oder Milliarden Tieren herum
- frisst riesige Gebiete ratzekahl
- wird nachts von Bäumen gepflückt und verfüttert

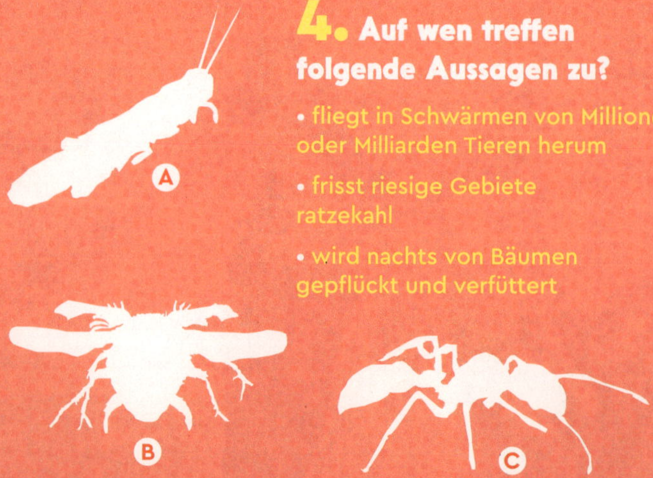

5. Wo arbeitet dieser Mann?

6. Sechs Freundinnen und Freunde sprechen über Insekten. Wie viele sagen die Wahrheit? Kombiniert ihre Aussagen, um es herauszufinden.

7. Wer ist nicht in Gefahr?

A

B

C

D

8. Was fehlt diesen Blüten?

9. Ameisen haben viele tolle Eigenschaften. Welche allerdings nicht?

A Auf jeden Menschen kommen auf der Erde rund 2,5 Millionen Ameisen. Bisher hat man mehr als 15 000 Arten der Krabbler beschrieben.

B Ameisen übertragen Nachrichten durch Gerüche, die sie aussenden. Zum Beispiel zeigen sie damit den kürzesten Weg zum Futter.

C Spazier- und Jägerameisen ziehen im Heer auf Beutefang – im Regenwald überwältigen sie dabei sogar Ameisenbären, Faultiere und Waldelefanten!

D So vielfältig wie die Ameisen sind auch ihre Sehorgane: Manche Ameisen haben gar keine Augen, während andere mit riesigen Facettenaugen, um sich blicken. Manche können mit ihren Augen UV-Licht erkennen.

Auflösung

1. Honigbiene, Marienkäfer und Drosophila (*ihr findet sie auf den Seiten 47, 32 und 34*)

2. Marienkäfer gehören zur Insektenordnung der Käfer, alle anderen zählen zur Ordnung der Zweiflügler (*mehr auf Seite 16*)

3. A. Die Wiesenschaum-Zikade springt bis zu 70 Zentimeter hoch, der Hundefloh nur 25 Zentimeter (*lest nach auf Seite 45 und 30*)

4. A. Auf die Wüstenheuschrecke (*mehr dazu ab Seite 54*)

5. Michael Falkenberg präpariert im Staatlichen Museum für Naturkunde in Karlsruhe Insekten (*lest nach auf Seite 64*)

6. Lucy, Paula und Bob haben recht (*mehr dazu auf den Seiten 29, 45, 44 und 18*)

7. D. Die Zikade (*mehr dazu auf den Seiten 38, 33, 48 und 28*)

8. Insekten, die die Blüten bestäuben (*lest dazu ab Seite 66*)

9. C. Wander- und Treiberameisen ziehen im Heer los, erbeuten aber keine großen Säugetiere (*lest die Geschichte ab Seite 22*)

Fotos: Hanne Moschkowitz (2); Volker Griener (l. u. r.); Max Fiedler für GEOlino extra (r. u. l.); Shutterstock

Mehr zum THEMA

TOP-3 DOKUS

DAS LEBEN DER BIENEN

Bienen können nicht sprechen, schon klar! Doch weil diese Doku aus der Sicht der Bienen erzählt wird, bekommt ihr trotzdem einen Eindruck davon, was die Honigsammlerinnen euch vielleicht zu sagen hätten. Und so nah seid ihr den Bienen ganz sicher auch noch nicht gekommen! Zum Glück: Denn wenn ein Hornissenschwarm plötzlich Jagd auf die friedlichen Brummer macht, möchte man auf jeden Fall vor dem sicheren Bildschirm sitzen. Das Ergebnis von zwei Jahren Dreharbeiten ist echt spektakulär – und Futter für Herz, Kopf und Augen.

Tagebuch einer Biene • 1 DVD • EuroVideo Medien • etwa 13 Euro • online auch bei Streamingdiensten verfügbar

PEPE KÄMPFT

Der elfjährige Pepe will sich nicht damit abfinden, dass immer mehr Insektenarten aussterben. Er baut ein Insektenhotel, sät Blumenwiesen und schaut einer Libelle tief in die großen Augen. Zum Glück darf die Kamera dabei sein!

Pepe und die Welt der Insekten • rbb • 25 Minuten • kostenlos in der ARD-Mediathek

KLEINE GIGANTEN

Im Tierreich halten die Insekten trotz ihrer geringen Körpergröße so einige Rekorde, und diese Doku feiert sie dafür. Zu Recht! Hier könnt ihr sehen, wie Hirschkäfer ringen und Ameisen Blattläuse melken. Wow!

Insekten – Das große Krabbeln • ORF • 59 Minuten • kostenlos auf Youtube

DVD

Alarm im Ameisenstaat

DARUM GEHT'S: Bei den Ameisen tanzt keiner aus der Reihe – außer Flik! Der Tollpatsch will immer alles anders machen als üblich. Durch eine seiner Erfindungen verliert die Kolonie alle ihre Wintervorräte. Und wird zu allem Übel auch noch von Heuschrecken bedroht. Flik sucht Hilfe und trifft auf eine Gruppe merkwürdiger Insekten. Ob die ihm helfen können?

DARUM LOHNT ES SICH: Ein Animationsfilm-Klassiker – unterhaltsam und spannend erzählt. Besonders Fliks neue Freunde machen großen Spaß.

Das große Krabbeln • Disney Pixar • 1 DVD • etwa 7 Euro • online auch bei Streamingdiensten verfügbar

BUCH

INSEKTEN UND WIR

DARUM GEHT'S: Ein Buch für alle, die Wanzen und Wasserläufer mit der Lupe aufstöbern. Und ebenso für alle, die das Reich der Insekten lieber vom Schreibtisch aus beobachten oder schöne Bilder lieben. Hier hängt alles irgendwie zusammen: Die einzelnen Arten mit ihren faszinierenden Steckbriefen, ihre Lieblingspflanzen und Lebensräume – und wir Menschen! Schließlich teilen wir uns die gleiche Welt.

DARUM LOHNT ES SICH: Ganz einfach: Das Buch ist eine Wundertüte und wunderschön!

Lisa Voisard: Insektorama • Helvetiq • 224 Seiten • 24,90 Euro

SPIEL

Admiral und Schwalbenschwanz

DARUM GEHT'S: Zu welchem Falter gehört wohl die dicke Raupe mit den orangefarbenen Flecken? Und wer legt seine Eier auf die Knoblauchsrauke, die so riecht, wie sie heißt? In diesem Spiel geht es in 64 Bildern um 16 Schmetterlingsarten und ihre Verwandlungen.

DARUM LOHNT ES SICH: Wer nur spielen will, spielt einfach „Memory". Alle anderen lernen dabei jede Menge über die schönen Falter.

Falter-Memo • NABU Eckernförde • Bestellungen an: marx.harder@t-online.de • 20 Euro

BUCH

Angriff der Klon-Insekten!

DARUM GEHT'S: Kakerlaken sind unzerstörbar? Hundertfüßer haben 100 Beine? Alles falsch! Das zeigt dieses liebevoll gestaltete Sachbuch für Krabbeltier-Versteher auf unterhaltsame Weise! Neben Insekten erfahrt ihr auch allerhand über Spinnen und andere Minitiere. Habt ihr schon einmal gehört, dass Blattläuse sich selbst klonen können? Sie sind übrigens nicht die einzigen Insekten, die dazu fähig sind …

DARUM LOHNT ES SICH: Ein Buch zum Immer-wieder-Aufklappen: Auf großen bunten Seiten verstecken sich Hunderte Informationen, die man gar nicht alle auf einmal verdauen kann.

Nick Crumpton und Gavin Scott: Alles, was wir über Krabbeltiere wissen, ist falsch! • Penguin Junior • 64 Seiten • 18 Euro

Fotos: PR; imago (r. o. l.)

VORSCHAU

Das nächste Heft erscheint am 2. Oktober 2023

Es ist **Gold**, was glänzt! Ein Archäologe legt in Israel 1200 Jahre alte Münzen frei – ganz vorsichtig mit einem Pinsel

ARCHÄOLOGIE

Schätze der Vergangenheit

Verschüttete Städte, versteckte **Pharaonengräber**, versunkene Schiffswracks: Sie erzählen uns, wie Menschen früher lebten und arbeiteten, an was sie glaubten oder an welchen Krankheiten sie litten. Um diese Zeugnisse der Vergangenheit zu finden und zu entschlüsseln, leisten Archäologinnen und Archäologen oft **Detektivarbeit**. In der nächsten Ausgabe von GEOlino EXTRA seid ihr bei einigen der berühmtesten **Entdeckungen** hautnah dabei! Wir erklären, was mit den Schätzen geschieht, stellen Menschen vor, die der Spurensuche beruflich nachgehen, und fragen uns: Was wird in Zukunft einmal von uns übrig bleiben?

Auch mit DVD erhältlich!

Eine Sensation! Im Jahr 1922 findet der Forscher Howard Carter das Grab des ägyptischen Pharaos **Tutanchamun**. Dessen goldene Totenmaske wird nach der Entdeckung weltberühmt – so wie die ganze Geschichte …